Klaus Pawlowski

Ein Erlkönig kommt selten allein

Klaus Pawlowski

Ein Erlkönig kommt selten allein

Illustrationen von Helmut Kratochvil

Titel-Cartoon TOM

Klaus Pawlowski,* 1935, ehemals Hochschullehrer, schreibt regelmäßig satirische Gedichte für die Wahrheits-Seite der Berliner taz und gründete 2007 gemeinsam mit den taz-Autoren Reinhard Umbach und Peter Köhler die „Neue Göttinger Gruppe“. Die Drei brachten gemeinsam drei Satirebände heraus.
Im Herbst 2013 erschien sein eigener Gedichtband „Gereimtheiten und andere Gemeinheiten“. Es folgten 2019 „Duschanleitung für Eisbären“ und 2021 „Mozart zum Kugeln.“
Und nun das vierte Bändchen mit Illustrationen von Helmut Kratochvil.
Übrigens: Es ist ein besonderes Erlebnis, Klaus Pawlowski zuzuhören, wenn er seine Texte selbst vorträgt. Kein Wunder, steht er doch seit 40 Jahren mit seinen Texten auf der Bühne.
www.klauspawlowski.de

Helmut Kratochvil * 1943 in Baden bei Wien, ehemals HTL-Elektrotechniker, studierte nebenbei Zoologie u. Botanik. Nach Beendigung des Studiums Professor für Zoologie an der Universität Wien.
Von früh an Malerei mit vielen Ausstellungen (Stil: meist Magischer Realismus), Modelle für Wiener Bronzen.
Er hat eine Reihe von Sachbüchern veröffentlicht (Lehrbücher und ein Lexikon exotischer Früchte), aber auch Kurzgeschichten, Romane, Satiren (über Sprache, Intellektuelle, menschliche Denkweisen etc.) http://hekratochvil.npage.at

1. Auflage: September 2024

Umschlaggestaltung: Tom
Illustrationen: Helmut Kratochvil

Kid Verlag | Samansstr. 4 | 53227 Bonn
www.Kid-Verlag.de

Druck: WIRmachenDRUCK GmbH | 71522 Backnang
Printed in Germany

ISBN 978-3-949979-69-9

… und wo verbergen sich die Erlkönige?

Der da droht täglich aus den aktuellen Nachrichten

Schöpfungsballade

Wer reitet so spät noch und nur, weil er muss?
Der Satiriker auf seinem Pegasus.
Er hat sein Gedicht fast zu Ende gebracht.
Doch sein Pegasus stolpert recht müd‘ durch die Nacht.

„Mein Pferdchen, was blähst du die Nüstern so bang?“
„Sag‘, Dichter, hörst du den Geistergesang?
Dieses böse Wispern, diesen jammernden Chor?“
„Wart, ich nehme das Ohropax aus dem Ohr.“

Du lieber Satiriker, bist wohl im Traum noch.
Der Text ist zwar schön, aktuell ist er kaum noch.
Die Regierung hat zwar einen Plan konstruiert,
doch ihn heut dementiert. Und was morgen passiert...

„Ach Dichter, mein Dichter, und hörst du denn nicht?
Du musst es noch ändern, dein Spottgedicht.“
„Sei ruhig, mein Pferdchen. Ich streng‘ mich ja an.“
„Bitte mach schnell, weil ich gleich nicht mehr kann.!“

He, du Satiriker, warst schon mal besser.
Viel aktueller und frecher und kesser.
Über das, was die in der Regierung so machen,
können wir doch auch in der Tagesschau lachen.

„Ach Dichter, siehst du in Geistergestalt
nicht deine Kritiker lauern im Wald?“
„Mein Pferdchen, mein Pferdchen, ich mühe ja.
Da endlich, da ist sie: Die Pointe ist da!“

Was für 'n mickriges Witzchen. Find'ste das toll?
Ist das von Dieter Nur oder Urban Priol?

„Ach Dichter, da sind sie schon wieder die Geister.“
„Jetzt hör ich sie auch, schöner Scheibenkleister.“

Dem Satiriker grauset's, er treibt seinen Gaul
durch die Reime. Dem steht schon Schaum vor dem Maul.
Und der Schöpfungsballade letzter Akt?
Das Gedicht im Papierkorb, der Pegasus… knackt.

Vor der Ampel

Ampeln regeln den Verkehr.
Das Prinzip ist gar nicht schwer:
Rot heißt „stoppen“, grün heißt „starten“,
gelb bedeutet, abzuwarten,
was gleich kommt: „stopp!“ oder „go“.
Scheinbar gar kein Risiko.
Doch wenn Grün auf lockre Art
häufig fordert: „Freie Fahrt!“
Ungeachtet, ob da prompt
noch von rechts und links was kommt,
ob die Kreuzung wirklich frei ist.
Und wenn Rot auch gern dabei ist,
mal ganz flott auf Grün zu springen,
wird das sicher nur gelingen,
wenn nicht jemand über Nacht
stramm auf grüne Welle macht.
Denn in diesem Falle droht
eine läng‘re Phase Rot:
Kontrolliertes Ampelschleichen.
Mehr wird man dann kaum erreichen.
Doch wenn Gelb darauf besteht,
dass da überhaupt nichts geht,
ganz egal, aus welchen Gründen
(irgendwas wird sich schon finden,
etwa ‘ne Rot-Grün-Verschwörung),
droht die nächste Ampelstörung.
Und im fließenden Verkehr
geht gar nichts mehr.

Allergien und Reflexe

Das ist wirklich sonderbar:
Etwa seit 'nem halben Jahr
wird mir bei der Tagesschau
auch bei „*heute*" immer flau,
und ich spüre Reaktionen
in diversen Körperzonen,
von ganz einfachen Reflexen
bis zu Allergiekomplexen.

Seh zum Beispiel ich Björn Höcke,
geht mein Blutdruck durch die Decke.
Wenn der Gauland müde guckt,
meine rechte Schlaghand juckt.
Und sie zuckt - zack - in die Höhe,
wenn Chrupallas Kinn ich sehe.
Und wenn Alice Weidel spricht,
krieg ich Quaddeln im Gesicht.

Doch nicht nur die rechte Seite
macht Probleme mir bis heute.
Von der Leyen tönt aus Brüssel?
Mächtig kribbelt 's mir im Rüssel.
Und erlebe ich Jens Spahn,
fährt mein Kreislauf Achterbahn.
Schimpft da dieser Friedrich Merz:
Seitenstiche, Rückenschmerz.
Seh ich Wissings Segelohren,
höre ich's im Kopf rumoren.
Und wenn Robert Habeck spricht,
macht die inn're Heizung dicht.

Steht da Söder, krümmt mein Leib sich.
Dünnpfiff ist dann unausbleiblich.
Lauterbach muss auch nicht sein,
denn dann schläft der Fuß mir ein.
Und kommt Laschet noch hinzu,
legt sich auch mein Hirn zur Ruh.

Unvorstellbar wird die Qual,
seh ich alle auf einmal.
Ja, es hat mich arg getroffen.
Deshalb kann ich nur noch hoffen,
dass mein armer Körper nicht
jetzt noch mehr Probleme kricht.

Steht Olafs neuster Wumms ins Haus?
Fall'n mir (wie ihm) die Haare aus?
Und der Gipfel der Tortur:
Christian als Heilsfigur.
Seit ich den im Traum gesehen,
hab ich Angst ins Bett zu gehen.

Montage: Peter Pawlowski

Der Parlamentspoet.

Die Nachricht hat mich doch verwirrt.
Hat man sich in Berlin geirrt?
Soll ein Poet im Parlament
jetzt so Gedichte, die man kennt

vom Hölderlin und Fallersleben,
von Brecht und Benn zum Besten geben?
Fontane, Eichendorf und Schiller?
Da gäb‘s zwar sicher manchen Knüller:

Wie Schillers „Glocke“ („Fest gemauert…“),
die grob geschätzt zwei Stunden dauert.
Da wär das halbe Parlament
dann gegen Mittag eingepennt.

Was in der Praxis dann und wann
durchaus recht nützlich werden kann.
Dennoch: So ein Poet kann kein
ganz schlichter Rezitator sein.

Poet ist, einfach definiert,
wer selber reimt und nicht zitiert.
Er soll mit seinen eignen Werken
die Geisteskraft der Runde stärken.

Er soll mit sinnigen Gedichten
Konflikte rhythmisch reimend schlichten,
Beschlussvorlagen schön besingen,
selbst Olaf Scholz zum Schunkeln bringen.

Gemüter härten oder weichen.
Die Weidel raus zum Rauchen scheuchen.
Und wenn dann in gekonnten Reimen
bedeutsame Gesetze keimen,

merkt man: mit seelenvoller Lyrik
ist das Regieren halb so schwyrik.
Nur eins sei hier ganz klar gesagt:
Satire ist da kaum gefragt.

Was deutlich macht: Mit *dem* Gedicht
sich zu bewerben, lohnt sich nicht.

Mit einer Ehrenerklärung im Bundestag kann man sich erfolgreich aus der Affäre ziehen. Oder?

Die Ehrenerklärung

Ja, Christenmenschen können bußbereit
in echter tiefer Reue sich verzehren.
Dann knien sie demütig und bundesweit,
um offen ihre Ehre zu erklären.

Soll ich das so verstehn? Sie tun uns kund,
dass, während sie für uns das Land gestalten,
sie immer ihren inn'ren Schweinehund
fest und verlässlich an der Leine halten?

Denn so ein Köter nervt oft hundsgemein,
zerrt rechts und links und knurrt schon mal begehrlich:
„Kann's nicht dies klitzekleine Luxusauto sein?
Und mal ein bisschen Taschengeld?" Ganz ehrlich,

die paar Diäten machen diesen Hund nicht still.
Und soll man täglich mit dem Köter streiten,
weil jemand ihn ein bisschen füttern will
für ein paar winzige Gefälligkeiten?

Ja, Ehrenmenschen leben täglich diesen Kampf.
Doch ihre Ehre ist nicht immer gut zu sehen.
Auch kriegen sie vom Knien einen Krampf
und haben Mühe, wieder aufzustehen.

Frühling in Berlin

Ja, jetzt ist endlich wieder Frühling in Berlin.
Saftiges Grün treibt aus den alten Zweigen.
Oh nein, die Grokosse, sie können nicht mehr blühn.
Doch seht nur, seht, wie da in munt'rem Reigen

am Lauterbach die Laberblümchen stehn,
wie Nulpen und Narzissten sich auf hohen Stängeln wiegen,
Merzbecher, Lindnerblüten nach dem Wind sich drehn.
Die Pfeilchen träumen nicht, neinnein, sie fliegen.

Auch der Verschachtelhalm und das Verschleierkraut
und selbst die Pustekuchenblumen winken.
Steifmütterchen stehn mit Neu-Röschen eng vertraut.
Wisst ihr, dass Weidelkätzchen mächtig stinken?

Jo-mei-Glöckchen aus Bayern wuchern ungeniert.
Da prahlen Spitzfindwegerich und rote Küchenschelte.
Und dort vom Wissingschaumkraut artig betoniert:
das Pfuschwindröschen trotzt der Morgenkälte.

Wenn schon im Mai die wilden Chrysenthemen blühn,
kann man da noch auf einen schönen Sommer hoffen?
Doch erst ist wieder einmal Frühling in Berlin.
Was blüht uns dann? Das bleibt ergebnisoffen.

Das Unwort des Jahres 2023

Passt nicht

Ich hab versucht, so gut es geht,
das starke Wort ‚Entlastungspaket'
ins rechte Versmaß reinzuzwingen.
Es will und will mir nicht gelingen.

‚Entlastungspaket'. Wie das klemmt
und irgendwie den Sprachfluss hemmt.
Es passt nicht in ein Reimgeflecht.
Es ist so wuchtig, Scholz hat recht.

ZU wuchtig. sperrig, Silbenmüll:
‚Entlastungspaket'. Klar, ich will
das Ding voll Schwung satirisch packen,
um ein Poem daraus zu backen.

Doch geht, wie man's auch wendet, dreht,
nur ‚Endpaket' und ‚Lastpaket.'
Doch gibt das Sinn? Na, bitte sehr.
Mein Fazit: Ich versuch's nicht mehr!

Das Dingsbums passt aus meiner Sicht
nicht einmal in ein Spottgedicht.

Traditionen

Für Russland ist der März nicht ohne,
weil seinen Herrschern Unheil droht.
Im März fiel mancher Gott vom Throne.
Am fünften März war Stalin tot.

Und Alexander, ja, der Zweite,
der sprang am dreizehnten im März
beim Attentat nicht schnell zur Seite.
Knall Bumm, und er fuhr himmelwärts.

Am fünfzehnten die Episode
um Russlands Kaiser Nikolaus.
Fürs Volk warn Kaiser aus der Mode.
Man schmiss ihn aus dem Herrscherhaus.

Dreihundert Jahre früher lebte
Iwan der Schreckliche, das Aas.
Recht lang am Zarenthron er klebte
und biss am achtzehnten ins Gras.

Und hier vorerst die letzten Kerzen.
Sie brennen für den Zaren Paul.
am vierundzwanzigsten des Märzen
da stopft‘ ein Höfling ihm das Maul.

Geschichtsbetrachtung kann sich lohnen.
Und deshalb sag ich hoffnungsvoll:
Es gibt in Russland Traditionen,
mit denen man nicht brechen soll.

Variation des Themas

Ostern mit Putin

In Russland gilt zur Osterfeier
schon seit Jahrhunderten der Brauch:
Man schenkt sich hübsch bemalte Eier.
Nicht nur als Schmuck. Man isst sie auch.

Es gibt Berichte, gar nicht spärlich.
Danach ist diese Tradition
für Russlands Herrscher sehr gefährlich.
So mancher stürzte da vom Thron.

So starb an einem Eierkuchen
der böse Zar Wesowolod.
So fand beim schlichten Eiersuchen
Zar Boris Godunow zu Gott.

Chruschtschow entging der Totenfeier
nur durch ’nen harten Nackenhieb,
als eins der leckren Trüffeleier
ihm tief im Halse stecken blieb.

Der Stalin aß gern hart gekochte.
Auf einen Schlag so sechs bis acht.
Pech, dass sein Herz das gar nicht mochte:
Cholesterinschock. Gute Nacht!

Und Jelzin… mit zu viel Verpoorten
im Blut trat am Karfreitag ab.
„Im Ei war Gift.“ Mit diesen Worten
machte Zar Simeon einst schlapp.

Mein Rat: Schickt zu den Osterfeiern
dem Kremlchef ein Carepaket
mit liebevoll gefüllten Eiern,
weil’s doch um Traditionen geht.

Nur, wer kann da der Bote sein?
Mir fällt nur Gerhard Schröder ein.

Genosse Gerhard

Ich weiß, du mein Genosse Gerhard:
Die Zeiten sind für dich jetzt sehr hart.
Wirst nicht aus der Partei geschmissen.
Trotzdem hast du total verschissen.

Und eines kannst du gar nicht fassen:
Du kannst dich nirgends sehen lassen.
Nein, auch nicht mehr im Lipper Land,
wo einstmals deine Krippe stand.

Dabei zogst du beim Rübenroden
doch stets die dicksten aus dem Boden.
Dabei stiegst beim Kartoffelklau'n
du meist als erster übern Zaun.

Warst doch der Größte allerorten
und spartest nie mit größten Worten.
Du lebtest auf dem größten Schuh,
warst mit den Größten Du auf Du.

Und nu? Selbst BILD hackt auf dich ein.
Und du, sag mir, wo magst du sein?
Geht gerade dein Versuch daneben,
dir kurz mal Bargeld abzuheben?

Und ist bei vielen Firmen jetzt
der Anschluss dauerhaft besetzt?
Und bei diversen Aufsichtsräten
wirst du nicht mehr zum Lunch gebeten?

Ich weiß, du hättest schon seit Wochen
Freund Putin gern mal angesprochen.
Doch Wladimir? Der lächelt schmal:
„Towarischtsch Gerd, du kannst mich mal."

Mein Trost ist: Du wirst nicht verhungern.
Brauchst nicht am Bahnhof rumzulungern.
Du weißt, und darauf kommt's jetzt an,
wo man Kartoffeln klauen kann.

Zugreifen

Zum achtzigsten von Ingemaus
will ich ihr etwas bieten.
Ich schenk ihr einen Blumenstrauß
und werde Schröder mieten.

„Der lohnt sich immer, garantiert,“
versichert mir Herr Meier.
Der hatte Schröder engagiert
als Kasper für die Feier

zum Schulbeginn von Enkel Cord.
Auch konnte er ihn buchen
zum Osterfest. Gerd kam sofort
und half beim Eiersuchen.

Die Ruth braucht einen Kavalier
zum Tanztee auf Gut Kaden.
Ich sag: „Mensch, leih den Schröder dir.
Der soll noch täglich baden.“

Und... der verleiht gern seine Zeit.
Na klar, es muss sich lohnen.
Dann ist er auch schon mal bereit
für größere Missionen.

Die AfD hat angefragt.
Plant eine Russlandreise.
Man hört, Gerd habe zugesagt.
Noch fehlen zwar Beweise,

doch heißt das nicht, dass er nicht will.
Er schuldet noch ein Essen.
Denn Gerds Geburtstag im April
hat Putin nicht vergessen.

Und wenn er nicht - schon leicht vergreist -
rumschrödert wie ein Blöder,
erscheint er Scholz schon mal als Geist,
gebucht von Markus Söder.

So lang er's kann. Denn hundsgemein
macht Schwager Paul sich wichtig:
„Ich lad den Kerl zur Treibjagd ein!"
Das fände ich nicht richtig.

Denn wenn ihr was Besondres sucht
- kann auch für 'n tête à tête sein -,
es lohnt sich, wenn ihr Schröder bucht.
Greift zu, bald könnt's zu spät sein.

24.01.2023 Kritiker werfen Bundeskanzler Olaf Scholz vor, er verhindere quasi im Alleingang, dass die Ukraine Leopard-Kampfpanzer erhält. .

Im Zirkus

Boris Bumbum, Pistorius
und Olaf Scholz, sein Zerberus,
die haben täglich nichts als Kummer
mit ihrer heißen Raubtiernummer.

Trotz intensivster Körperpflege
schleppt er sich müde durchs Gehege
der alte Puma, blass und kränklich.
Und auch der Marder lahmt bedenklich.

Der Leopard auf seine Art
ist zwar gesund. Doch für den Start
in der Manege? Der Dompteur,
Bumbum, tut sich da äußerst schwer.

Er ist noch neu, zwar hart wie Holz.
Doch sein Direktor, Olli Scholz,
sagt: „Leo ist nicht austrainiert.
Drum wird er auch nicht präsentiert."

Im Rund das Zirkus-Publikum
ruft laut: "He Olaf! He Bumbum!
Wir werden erst nach Hause gehen,
wenn wir das edle Raubtier sehen."

Und dann: Erwartungsvolles Schweigen.
Wird jetzt der Leopard sich zeigen?
Ne, Olaf kommt, voll austrainiert
mit bunten Bällen... und... jongliert

Die Rettung

(nach Otto Ernst: „Nis Randers“)

Die fünfte aktualisierte Fassung

Krachen und Heulen und berstende Nacht.
Dunkel und Flammen mit rasender Macht.
Ein Wrack auf der Sandbank.

Und brennt der Himmel, so sieht man’s gut:
Grüne steht da am Schiffsrumpf,
noch wiegt ihn die Flut,
Wann holt ihn der Abgrund?

Olaf Scholz spricht ganz ohne Hast:
„Da hängt noch ein grüner Kollege im Mast!
Wir müssen ihn holen!“

Da fasst ihn Pistorius: „Ich steig da nicht ein!
Für uns zwei ist dieser Kahn viel zu klein.
Und er ist nicht bewaffnet.“

Olaf tritt auf die Brücke: „Hörst du den Schrei?
Da schreit vielleicht Baerbock. Da stirbt die Partei.
Ich werde sie retten.“

„Mensch, Olaf, lass das, du wirst noch ersaufen!
Du kannst doch nicht übers Wasser laufen
wie der seel‘ge Johannes.“

☞

Doch Olaf schnallt kühn den Südwester fester.
Dann springt er ins Boot. In die Fäuste presst er
die sausenden Ruder.

Frust oben, Frust unten. Ein Höllentanz.
Wird Olaf zerschmettert? Nein er bleibt ganz.
Wie lange? Wie lange?

Friedrich, den Merzsturm, bös hört man ihn bellen.
Es türmen sich riesige Lindenerwellen.
Und die Södersee stoibert.

Braune Blitze zucken aus dem Himmel dem blassen...
Olaf hat den Koalitionskurs verlassen,
den grünen Partner zu retten.

Pistorius erschaudert: „Verbrennt jetzt die Welt?
Was da? Ein Boot, das landwärts hält?
Sie sind es. Sie kommen!"

Der Boris starrt in die Nacht hinein.
Wer mag jener Koalitionspartner sein,
den der Olaf gerettet?

Und Auge und Ohr ins Dunkel gespannt...
Still! Ruft da nicht Olaf? Er schreit's durch die Hand:
„Sagt's Boris, 's ist Habeck!!!

Oh ja, es ging Robert fast an den Kragen.
Sein Heizungsgesetz hat ihm ein Leck geschlagen.
Und Olaf konnte ihn gerade noch retten.
Doch dankt's ihm kaum keiner. Wollen wir wetten?

Herbststürme

Katze Minka türmt,
wenn es draußen stürmt.
Kleff, der Hund, verschwindet
rasch ins Haus, wenn's windet.

Auch die Anna eilt
hinterher, wenn’s heult.
Nur der Hein, der steht
vor dem Haus, wenn‘s weht.

All das Pusten, Blasen, Tosen
bläht ihm Jacke, Hemd und Hosen.
Diese Energie speist Hein
- denk ich mal - ins Stromnetz ein.

Ist das jetzt eventuell
Habecks neustes Sparmodell?
Fördert gar die FDP
diese Windkraft-Ich-AG?

Und der Hein hofft, dass er dann
sein E-Car preiswert laden kann?
Oder hat ihm Scholz seit Wochen
Auf- und Rückenwind versprochen?

Warum sonst setzt vor dem Haus
Hein sich diesem Herbststurm aus?

Die Volkspartei

Man kann jetzt die Genossen buchen
bei einer Agentur: als Gast,
Begleiter, Redner. Und die suchen
auch raus, wer zu dem Anlass passt.

Ich hätt gern Hubert Heil geordert
für meine Party gestern Nacht.
Sechstausend haben die gefordert
und das auch nur von sechs bis acht.

Preiswerter war da Carsten Schneider
(er hat den Wahlkreis Weimar Land).
Doch war der auf der Party leider
den meisten Gästen nicht bekannt.

Der Peter wollte uns wohl schocken,
als er sich Lauterbach erbat.
Für runde siebentausend Flocken
kam der am Donnerstag zum Skat.

Für einen Schützenfestbesuch war
ich auf die Manu Schwesig scharf.
Doch war nur Margots Esken buchbar.
Und da verwarf ich den Bedarf.

Bevor ich mir den Olaf hole,
wart ich noch ab, ich hoffe schwer:
Ich spare eine Menge Kohle,
wenn der so werkelt wie bisher

BORIS (= Bodenrichtwert)

Der Name Boris, so sagt es die Namenskunde,
bedeutet schlicht nur ‚Kämpfer' oder ‚Wolf'.
Doch Boris Johnson kämpft in dieser Stunde
nur noch um einen sich'ren Stand… beim Golf.

Die Borisse, die waren immer Kämpfer.
Zum Beispiel Boris Godunow, der Zar.
Ein schlichter Mönch gab ihm den letzten Dämpfer,
weil er als Zar doch ziemlich wacklig war.

Auch Boris Jelzin kämpfte ganz verbissen
oft wie ein Wolf mit Krisen in dem Land
… und mit dem Wodka. Und wir alle wissen,
dass er am Ende kaum noch g'radestand.

Ein andrer großer Kämpfer, Bobble Becker,
der stellte sich beim letzten Volley selbst ein Bein.
Saß auf dem hohen Ross, und statt Geklecker
war er fürs Klotzen. Und dann saß er ein.

Und kriegt Boris Pistorius es gebacken?
Noch kämpft er. Doch der Osnabrücker Wolf
hat nicht nur den Ukrainekram am Hacken.
Warum heißt er nur Boris und nicht Rolf?

Denn so ein Boris kann oft nicht die Kurve kriegen.
Warum nur bauen Borisse oft so viel Mist?
Kann das vielleicht an ihrem BORIS liegen?
Am *Bodenrichtwert*, der ja oft zu niedrig ist?

Kleiner Kommentar vorweg: Dies ist mein Lieblingsgedicht.
Es darf also in meinem wahrscheinlich letzten Bändchen nicht fehlen

Die Moritat vom treuen Staatsdiener

Im letzten Jahr war's, im späten August.
Der Sommer zeigte sich schwach auf der Brust.
Doch im Reichstag war nach ruhiger Nacht
der Plenarsaal frisch aus dem Schlaf erwacht.
Und freute sich nach der Sommerpause
auf den ersten Sitzungstag im hohen Hause.
Ein Saaldiener putzte g'rad Staub aus den Ecken,
da fand er etwas, das ließ ihn erschrecken.

Denn da saß auf dem Platz vierhundertundneun
ein Abgeordneter. Wie kann das sein?
Es war doch erst sechs. Er schaute kurz nach:
Ernst Betz (CDU) aus Maria Laach.
Der saß da ganz ruhig, etwas schiefgewichtig,
die Hände gefaltet und schlief offensichtlich.

Doch da! Als der Diener ihn sanft gepackt
an der Schulter, da ist er nach vorne gesackt
auf den Berg von Papieren, die vor ihm lagen.
Und dann war es klar (wie soll ich es sagen?):
Ernst Betz war verstorben, welch graus'ge Enthüllung.
War verschieden im Akte der Pflichterfüllung.
Und man stellte fest, das ist das Absurde,
dass er nicht etwa vergessen wurde
beim plötzlichen Aufbruch zur Sommerpause.

Nein, man rechnet, er habe dem Hohen Hause
zwei Jahre als Toter schon beigesessen.
Welch würdiges Ende. Denn er nahm unterdessen
- zwar wortkarg, doch immerhin äußerlich heil -
geduldig an allen Sitzungen teil.
Und das sei - so hat Friedrich Merz erklärt -
ein stolzer Rekord, echt bewundernswert.
Da zeige sich klar: (wenn er das schon lese)
Politikverdrossenheit? Alles nur Käse!

Erschütterung bei der Parteifreundin Maas,
die ahnungslos neben dem Schweigsamen saß.
Sie gab an, sie hätt seit geraumer Frist
zwar die Zwischenrufe des Parteifreunds vermisst.
Doch sei's ja nach Kohl ziemlich ruhig gewesen.
Und sie sei seit zwei Jahren Oma - in Seesen.
Und die Abstimmungen? Sehn Sie, bei dem Ritual
sind doch Stimmenthaltungen völlig normal.

Zwar hätte sie sich bei der Haushaltsdebatte,
als man jede Stimme so nötig hatte
und Betz sich enthielt, schon gefragt, wieso?
Doch das sei jetzt geklärt, und das mache sie froh.
Ob nicht der Geruch...? Man müsse das fragen...
Ja schon, doch sie hätte - wie soll man das sagen? -
dem wenig Bedeutung beigemessen:
Der Altmeyer hätte ja vor ihr gesessen.
Und man weiß doch, dass der sich wenig bewegt
und in der Kantine den Fisch nicht verträgt.
Aber sonst? „Furchtbar traurig", sagte sie leis,
„dass man doch so wenig vom Anderen weiß.

Zumal, wenn der von der gleichen Partei ist.
Der Grund sei, dass man so wenig frei ist
für menschliche Nähe in diesem Betrieb."
Aber wie gesagt: ihr Enkel? Ganz lieb.

Fazit: Seitdem man die Leiche entdeckt,
ist das Parlament richtig aufgeschreckt.
SPD-Chefin Esken - als das geschah -
hat rasch durchzählen lassen: War'n alle noch da!
Die Grünen riefen die Crew voller Eile
zum Morgenappell vor der Siegessäule.
Als einzige fehlte die Claudia Roth:
Lag danieder in großer Gewissensnot.
Lieber rot als tot? Das ärgert sie grün.
Die CSU will Konsequenzen ziehn:
Alle singen, weil so was ja täglich droht,
jeden Morgen die Hymne. Wer nicht aufsteht, ist tot.

Die CDU dagegen reagierte ganz knapp
und lehnte jede Verantwortung ab.
„Wir sind froh", ließ Friedrich Merz Reporter abblitzen,
„wenn überhaupt noch ein paar im Plenarsaal sitzen.
In welchem Zustand, ich bitte Sie,
ist das denn so wichtig? Das war es doch nie.
Im Übrigen, wenn man nicht sicher sei:
So ein Hammelsprung trenne ja Weizen und Spreu."

Naja, die Moral ist - ich sag sie mal eben -:
Wer Hymnen singt
und wie 'n Hammel springt,
kann als Staatsdiener morgen noch leben.

Es war am 15. August 2023
Eigentlich wollte die Außenministerin schon längst in Australien sein.
Doch ihre Regierungsmaschine machte Probleme – und musste umkehren.
Baerbock und ihre Delegation mussten die Reise daher abbrechen.
Auch da hatte wohl irgend ein Erlkönig seine Finger im Spiel!

Die Panne

Wer sitzt schon so früh im Regierungsjet?
Das ist Annalena, wie immer adrett.
Neben ihr, Thomas Bagger, ihr Staatssekretär,
macht sich gerade über ein Fischbrötchen her.
Das heißt: er möchte es. Doch was ist das?
Annalena neben ihm ist ja ganz blass.

„Was birgst du," fragt er, „so bang dein Gesicht?"
„Hörst, Thomas, du die Stimme denn nicht?
Ich hab sie die ganze Zeit auf den Ohren."
„Da ist nur das Summen der Airbusmotoren."

Ach Annalena, du wolltest vor Jahren
ganz dunkelgrün mit dem Fahrrad nur fahren.
Hast das wohl vergessen beim strammen Regieren,
und ich muss dich durch den Himmel kutschieren.

„Ach Thomas, ach Thomas, hörst Du denn nicht.
Das ist unser Airbus selbst, der da spricht."
„Ach Annalena, ich spüre nur dumpf
dieses wohlbekannte Vibrieren im Rumpf."

☞

Ich heiß, wie du weißt, 'Konrad Adenauer'.
Der Alte. Deshalb wird's mir zu viel auf die Dauer.
Ich leide an Seitensteuerthrombose,
Triebwerkverkalkung, Tragflächenarthrose.

„Thomas, mein Thomas, wie soll das nur werden?
Unser Flugzeug klagt über Altersbeschwerden."
„Ich kenn dich und weiß nicht seit heute erst,
dass du schon mal die Flöhe husten hörst."

Du, Annalena, es gibt diesen Frust,
weil du immer so viele mitschleppen musst
zu deinen diversen Auslandsbesuchen.
Sonst könntest du ja einen Linienflug buchen.

„Thomas, unserm Airbus geht's wirklich schlecht."
„Verdammt, wie das ruckelt. Ich glaub, du hast recht."

Mein Rumpf brennt wie Feuer. Denn ich habe gerade
eine furchtbare Landeklappenblockade.

Annalena grauset's. Denn sie schaffen man g'rad
eine harte Landung im Emirat.

Einer lauert
in den Buschwindröschen

Der Frühlingsspaziergang

Wer wandert im Frühling durch Wald und Flur?
Andrea und Karsten. Seht, wie die Natur
aus dem Schlaf erwacht: erstes zartes Grün
an den Zweigen, und auch die Krokusse blühn.

Auf der Bank in der Sonne, da ruhn sie sich aus.
Und was fischen sie aus ihrem Rucksack heraus?
Das sind doch…? Na klar, ein paar Cola-Döschen.
Hört, flüstert ’s da nicht aus den Buschwindröschen?

Hallo ihr beiden, ich misch kurz ein.
Cola in Dosen. Muss denn das sein?
Dieses Weißblech und dies Aluminium
bringen in Brasilen den Regenwald um.

„Karsten, mein Karsten, sag, hörst du sie nicht
diese Stimme, die aus dem Wald zu uns spricht?“
„Ach, Liebes, das ist nur der Wind in den Eichen.
Kannst du mir die Cola mal rüber reichen?“

Was du da gleich trinkst, lieber Karsten, das ist
reine Zuckerbrause, der größte Mist.
Vor allem für dich. Guck nur mal deinen Wanst.
Ob du bald deine Füße noch sehen kannst.

☞

„Du liebe Andrea, jetzt hör ich sie auch.
diede böse Stimme, da unter dem Strauch."
„Genau, und sie sagt so seltsame Sachen.
Ich höre sie kichern." „Und jetzt böse lachen."

Erst Cola aus Dosen und dann volles Rohr
im SUV mit Verbrennungsmotor
durch die Gegend brettern ganz ungeniert.
Und dieser Wald um euch rum, der krepiert.

„Diese Stimme kenn ich. Das ist er doch,
dieser grüne Minister. Wie heißt er noch?"

Unsre Wanderer grauset's. Und wie gehetzt
stürzen sie auf dem Waldweg davon. Na, und jetzt?
Jetzt liegen am Waldrand zwei Cola-Döschen.
Und müde zittern die Buschwindröschen.

35 Grad im Schatten

Geht diese Hitzewelle endlich mal zu Ende?
Normalerweise macht ja so ein Sommer Spaß.
Doch *der* verbrennt am Lenkrad mir die Hände
und köchelt frisch gezapftes Bier im Glas.

Im Baggersee schwappt brackig braune Brühe.
Der dicken Linde geht der kühle Schatten aus.
Zu trocknen Wasserlöchern schleppen sich die Kühe.
Genauso träge schlappe ich durchs Haus.

Am Tage müde, aber in den Nächten wach.
Man pennt halt nicht so gut in einem Ofen.
Das Hirn verbrutzelt unterm heißen Schädeldach.
Deshalb hat dies Gedicht auch nur drei Strophen.

Irgendwie

Beim Kampf der Sprüche und Versprechen
in Talk-Shows und auf Werbeflächen
ist jetzt die Umwelt voll im Blick.
Da kommt's bei allen knüppeldick.

Für die Union klotzt Friedrich ran,
Der sagt ganz klar, wie's gehen kann:
Wir investieren eins zwei drei
in Feuerwehr und Bootsverleih.
Man braucht nur etwas Phantasie.
Dann schaffen wir das ... irgendwie.

Der Christian von der FDP
verzichtet auf sein Nasenspray.
Und das trotz schwer verstopfter Nase.
So kämpft er gegen Treibhausgase...
Und fragt nicht mal die Industrie.
So kann's doch gehen ... irgendwie.

Auch Olaf hat mit einem Kniff
das Klimaschiff jetzt voll im Griff.
Wie? Nun, er bringt zunächst ins Lot
das Klima zwischen Grün und Rot.
Und spart schon mal an Energie.
Das ist ein Anfang ... irgendwie.

Voll Optimismus, explosiv,
entschieden klimapositiv ...
so gehn sie es jetzt kraftvoll an.
Irgendwie und ... irgendwann.

Siesta

Nicht nur als älteres Semester
braucht man die tägliche Siesta
und legt sich mal ein Stündchen flach.
Empfiehlt jetzt auch Karl Lauterbach
für sommerliche Hitzetage
in der extremen Klimalage.

Ich fuhr zum Bahnhof mit dem Bus.
Doch war am Rathausplatz schon Schluss.
Ein Uhr. Der Fahrer kippte schon
in eine Ruheposition,
und ich vernahm die frohe Kunde:
„Siesta, eine gute Stunde.“

Vorm Rathaus lag, lang hingestreckt,
mit einer Zeitung zugedeckt,
auf einer Bank ein Polizist.
Und weil‘s wohl angeordnet ist,
lag da die halbe Stadtverwaltung
in ganz entspannter Ruhehaltung
im Schatten auf den Rathausstufen.

Ich wollte mir ein Taxi rufen.
doch konnte ich nicht mehr erreichen
als ein Siesta-Pausenzeichen.
Ich selbst fand dann nach langer Suche
ein Plätzchen unter einer Buche.

☞

Das muss Karl Lauterbach man lassen:
Er weiß uns ständig anzupassen
an kritische Gegebenheiten
in aktuellen Krisenzeiten.
Die Klimalage wird brutal?
Siesta, und dann schon wir mal.

Frühling 2024

Ich wollte heut mein Hirn verpflichten,
wie üblich Heiteres zu dichten.
Geeignet schien mir irgendwie
ein Komponisten-Potpourri.

Gereimte Witzchen über Strauß.
Warum sah Brahms stets finster aus?
Das könnte was zum Lachen sein.
Mir fallen viele Sachen ein.

Doch leider ist mein Witz blockiert
oder noch besser… abgeschnürt.
Höchstens noch Wagner bricht sich Bahn:
Wahn! Wahn! Überall Wahn!

Wie recht er hat. Ja, irgendwie
versagen Witz und Ironie
da, wo der Wahnwitz residiert,
wo Irrsinn unsre Welt regiert.

Doch als ich heut im Garten da
den ersten blassen Krokus sah,
von leichtem Frühlingshauch umfächelt.
Verdammt nochmal: ich hab gelächelt.

Blick über den Gartenzaun der Nachbarin

Nun, die Geschmäcker sind halt unterschiedlich.
Ich geb ja zu, hier gibt es viel zu schaun.
Und manches ist auch lustig, anderes ganz niedlich,
auch meinetwegen Gartenkunst. Doch im Vertraun:

Wenn ich so einen Garten hätt wie diesen,
wo sich an wilde Rosen lehnt dies nette Gartenhaus,
wo zwischen Blumen, Büschen, auf den sanften Wiesen
die alten Bäume werfen lichte Schatten aus.

Ach, wenn ich diesen wundervollen Garten hätte,
ich stellte neben jenen schilfbewehrten kleinen Teich
auch Kunst, zum Beispiel diese schöne Statuette,
die beide Arme ab hat. Na, wie heißt sie gleich?

Ist ja egal. Ich will das jetzt nicht klären.
Ach, wenn ich diesen Garten hätte, würd ich gleich
mit einer riesig hohen Hecke ihn umwehren,
damit kein fremder Blick verletzt mein kleines Reich.

Was jeder sehen sollte, ist die weiße Fahnenstange.
Da wird die Fahne schwarzrotgold gehisst.
Nicht nur, wenn Fußball ist. Sie weht so lange,
wie dieses kleine deutsche Reich mein eigen ist.

Von hundert Zwergen ließe ich mein Reich bewachen
mit Harken, Kännchen, braunem Schubgefährt.
Es gibt auch Frösche, Pilze, alles kunstgemäße Sachen.
Das wär mir ein Besuch im Gartencenter wert.

Die Pflege meines Gartens würde mich entzücken.
Ich freu mich heute schon aufs Rasenmähn.
Die ganze Nachbarschaft, die würde ich beglücken,
am besten mittags oder abends um halb zehn.

Zu einer richtig guten deutschen Gartenpflege
- das fehlt hier auch, ich will ganz ehrlich sein -
gehören feste, aber saubre Plattenwege.
Da darf kein Grashalm in den Ritzen sein.

Was ich noch brauche neben einem glatten Rasen,
das ist ein umfangreiches Grillgerät.
Welch Wohlgeruch für nachbarliche Nasen,
wenn nur ein leichter Wind von Osten geht.

Ist wirklich nett, hier über 'n Zaun zu schauen.
Wenn's dem Geschmack der Nachbarin entspricht,
dann akzeptier ich das. Doch im Vertrauen
Ein guter deutscher Garten ist das leider nicht.

Der Regenbogen

Nein, er war nicht von langer Dauer
der morgendliche Regenschauer.
Doch danach sah ich's, ungelogen,
na klar, das war ein Regenbogen.

Und dieser Regenbogen schwang
sich übern Wald und übern Hang.
So wunderschön, so farbenklar.
Da sagte Nachbar Waldemar:

von der Ligusterhecke her:
„Na wart mal ab, da kommt noch mehr"
„Was mehr?" „Na Regen. Kennst Du nicht
die Bauernregel? Die sagt schlicht:

„Siehst morgens Du den Regenbogen,
kommt kräft'ger Regen angeflogen."
Ich rolle heut, mein lieber Klaus,
den Gartenschlauch erst gar nicht aus.

Weil ich den Regeln mehr vertrau,
als dem Bericht der Tageschau.
Na, klar, das Gießen kann ich lassen,
den Tatort will ich nicht verpassen.

Im Frühjahr 2010 brach auf Island der Vulkan Eyjafjallajökull aus. Damals entstand dieses Gedicht. Es wird immer aktueller. Und es soll deshalb dieses Kapitel abschließen.

Die ultimative Party

Für Eyjafjallajökull waren
die Zeiten als Vulkan nicht toll.
Sodbrennen quälte ihn seit Jahren.
Nun hatte er den Krater voll.

Er rülpste dreimal, viermal deftig
und dann noch mal... und dann noch mehr
und blickte - lachte dabei kräftig -
der Aschewolke hinterher.

Die sahn auch andere Vulkane:
Ätna, Mayon... Der Krakatau
blies eine kleine graue Fahne
von Rauch als Botschaft in das Blau:

„Wir rülpsen morgen um die Wette!“
Das war ein Fest. Und nicht zu knapp
quoll Asche, dicke, graue, fette
und ... deckte hundert Städte ab.

Das hörten die tekton’schen Platten
in Asien, Südamerika,
die lange brav geschlafen hatten
in ihren Wasserbetten da.

☞

Die räkelten sich beim Erwachen.
Die Erde bebte kurz, und dann...
dann fragten sie mit munt'rem Krachen
bei ihren Ozeanen an:

Ob man vielleicht gemeinsam spielen...
Ein paar Tsunamis... Wär doch nett,
wenn von dem Festland, diesem vielen,
man endlich etwas wen'ger hätt.

„Toll!", donnerten die Ozeane
und hüpften fröhlich, machten keck
zur Probe Brecher, ganz spontane.
Die spülten zwei, drei Städte weg.

Zufällig sahn das zwei Taifune.
Die lagen friedlich bei Hawaii
und kontaktierten zwei Monsune:
„'Ne Party! Seid ihr mit dabei?"

Auch vier Orkane riefen „Prima!"
Und bliesen lachend vor sich her:
„Das wird ein Spaß!" Paris und Lima
Stockholm und Boston gab 's nicht mehr.

Die Party selbst, die Riesensause?
Wir waren nicht dabei. Wie dumm.
Die Erde? Klar, die war zu Hause.
Doch schweigt sie, lächelt, dreht sich um.

Offenbar fürchten sich Erlkönige vor Tieren

Die Braunkehlchenplage

Das Braunkehlchen, sagt man, soll stark bedroht sein.
Ich frage mich: Kann da alles im Lot sein
bei den Ornithologen? Also, Leute, ich schwöre,
dass ich Braunkehlchen überall zwitschern höre.

Ihre braunen Kehlen machen mächtig Krach.
Das bringt mich in Rage, das hält mich oft wach.
Seht nur, sie sammeln sich in großen Schwärmen.
Dann schlagen sie wild mit den Flügeln und lärmen.

Hört, wie sie chrupallen, weideln und höcken.
Kann sie keiner verscheuchen, niemand verschrecken?
Doch die Grünfinken? Goldammern? Und leider auch
die Rotkehlchen? Tschilpen nur hilflos im Strauch.

Manche Schwarzdrosseln haben zur Erhaltung der Art
sich sogar mit den hässlichen Vögeln gepaart.
Und jetzt? Noch mehr Lärm und noch mehr Geschrei.
Denn ein Brandmauersegler entschlüpfte dem Ei.

Alle Vögel sind schon da

Dieweil im Liechtensteiner Kraut
die Schwarzgelddrossel Nester baut,
das Spenden-Sumpfhuhn frech, doch zart
mit einem Klauerhahn sich paart,
Zockenten und Verschleiereulen
im Banken-Dschungel still verweilen...

Dieweil in Aktienbrüchen träge
Schwachstelzen hocken im Gelege...
Dieweil - seht her - in munt'rem Reigen
Pr-eisvögel bis zum Himmel steigen,
Brotkehlchen unter äuß'ren Zwängen
die Körbe sichtlich höher hängen....

... da lässt in meinem kleinen Garten
die Kohlemeise auf sich warten,
und überm schmalen Kleinkredit
die Knebelkrähe Kreise zieht.
Mein Sparbuchfink hockt schon sehr lange
total vergrippt auf seiner Stange.

Auch legt bei meinem Kaufmann Meier
ein Pleitegeier munter Eier,
weil nebenan jetzt frisch beringt
ein Abgreifvogel Lidl singt.
Welch Artenvielfalt querweltein!
Das muss der Klimawandel sein.

Gibt's echte Tauben noch im Land?
Doch da... auf meine linke Hand
kommt was geflogen, sticht hinein...
Das muss die Schuldenbremse sein.

Artenschutz für Gelbflügler

Es haben wieder angesichts
des neuen Artenschutzberichts
diverse Vogelarten
schon bald ganz schlechte Karten.

Die Moorente, der Auerhahn,
die Trappe gehen auf dem Zahn-
fleisch. Selbst der Halsbandschnäpper
wird täglich schlapp und schläpper.

Die Uferschnepfe hat es schwer,
die Bekassine legt nicht mehr.
Es zeigt der Regenpfeifer
beim Brüten kaum noch Eifer.

So trifft der Klimawandel nun
auch unser gelbes Sumpfkampfhuhn.
Da droht der ganzen Gattung
Ermattung, … gar Bestattung?

Stirbt dann der scheue Buschelmann,
der jetzt schon kaum noch fliegen kann.
Selbst die Kubickischnarre
fällt wohl in Endzeitstarre.

Vergeblich spreizt der Wissinghahn
die Flügel wie ein Kormoran.
Die Zimmermann'schen Stracken
bekommen nichts gebacken.

Ja, selbst das Lindnerkehlchen lässt
das Singen, hockt matt im Geäst,
an dem so viele sägen.
Wird kaum noch Eier legen.

Weh, wenn du ausstirbst, Sumpfkampfhuhn!
Was soll ich dann als Dichter tun?
Wen soll ich noch besingen
und reimend neu beringen?

Dem öffentlichen Trend zum Trutz
verlang ich deshalb Artenschutz.

Eisbärs Nachtlied

Bin ich der letzte Eisbär?
Zumindest hier im Eismeer?
Ja, wenn das Eis noch weiß wär ...
Doch es ist dreckig grün.
Auf einem Restchen Schneegrund
hock ich mir mein Filet wund.
Nichts ist mehr da. Kein Seehund
und auch kein Pinguin.

Auf weißen Kreuzfahrtkähnen
sie an der Reling lehnen.
Von ihren Mitleidstränen
schmilzt auch das letzte Eis.
Und die vom Greenpeace Kutter
die schrein: „Heut gibt's kein Futter.
Nur abgespeckt, mein Gutter,
nützt du uns als Beweis."

Und koste, was es wolle,
trifft schließlich zur Kontrolle
auf einer letzten Scholle
der Klimagipfel ein.
Und völlig demokratisch
schrein alle: „Wie dramatisch!!
Doch gibt's ja noch den Bratfisch.
Dann kann's so schlimm nicht sein."

☞

Womöglich kommt ein Arzt her.
Der spritzt mich um auf Schwarzbär
und schwärmt, wie schön der Harz wär,
so hügelig und grün.
Ach, wie ich mich doch sehne
nach meiner Frau Helene.
Doch liegt die dicke Schöne
als Fell vor ’nem Kamin.
Ich bin k.o.
Ich sag mal so:
Ich will in ’n in Zoo.

Zum Jahr der Schlange 2025

Der Christbaum nadelt in der Stube.
Das Restjahr hockt noch müd im Haus.
Schon sehe ich die Schlangengrube:
Was kommt ans Licht da, kriecht da raus?

Um welchen Baum wird sie sich schlingen?
Die grüne Viper tut noch prall.
Wem wird ihr Äpfelchen sie bringen?
Droht gar der schwarze Sündenfall?

Den grünen Apfel zu erbeuten,
das ist der roten Python Traum.
Doch müsste sie sich dafür häuten.
Am morschen Kühn-Ast geht das kaum.

Und die weißblaue Klapperschlange?
Die würde gern ‘ne Kobra sein.
Doch hebt sie ihren Kopf zu lange,
dann schlafen ihr die Klappern ein.

Was dort als gelbe Natter züngelt,
sich bläht in Farbe und Gestalt,
sich um die schwarze Boa ringelt
(schutzsuchend), purzelt sicher bald

☞

als blinde Schleiche aus der Gattung.
Die schwarze Boa aber ruht
schwer und in scheinbarer Ermattung
und sucht, wie's eine Boa tut,

den Partner zur gepflegten Paarung
geduldig, doch mit klarem Blick.
Und schreckt, so lehrt es die Erfahrung,
zur Paarungszeit vor nichts zur zurück.

Nicht einmal vor der giftig braunen
Kreuzotter. Und ich sag es ja:
Ich bin gespannt, auf all die Launen
der Schlangen in der Grube da.

Der verbirgt sich im Klavier...

… und erscheint dort Robert Schumann

Wer sitzt noch so spät am Klavier wie zerknittert?
Das ist Robert Schumann, und seht, wie er zittert.
Sehr verwunderlich, denn im Haus ist es warm.
Seine Clara nimmt ihn besorgt in den Arm.

„Ach Robbi, was birgst du so bang dein Gesicht?“
„Hörst, Clara, du die Stimme denn nicht?“
„Eine Stimme, mein schnuckliger Komponist?“
„Genau, eine Stimme, und zwar die von Franz Liszt.“

Du lieber Robert, hast du irgendwann
ganz viel Schmalzbrot gegessen, so hör‘n sie sich an
deine drei Romanzen Opus achtundzwanzig.
Und das Schmalz, lieber Freund, war sicher schon ranzig.

„Ach Clara, meine schönen Romanzen sind Mist.
Das flüstert mir gerad der geniale Franz Liszt.“
„Mein armer Robbi, ich sage dir,
Das war nur der Holzwurm im Hammerklavier.“

„Lass, Robert, das Komponieren sein.
Die ‚Gesänge der Frühe‘ die schläfern mich ein.
Deine ‚Nachtstücke‘ sind viel zu hart und zu spitzig.
Und die ‚Humoreske‘? Was ist daran witzig?“

„Ach Clara, ich glaub, ich hör‘ polyphon.
Jetzt ist es die Stimme vom Mendelssohn.“
„Robbi, mein Robbi, lass doch das Gewimmer.
Das sind unsre Kinder im Nebenzimmer.“

Du lieber Robert, deine Fugen? Recht schwer.
So wie deine Hände. Die wollen nicht mehr.
Hast du dran gedacht, was man sonst noch so macht?
Ich hab zwanzig Kinder, und du hast nur acht.

„Du liebe Clara, das war Jonny Bach.“
„Ist ihm etwa deine Toccata zu schwach?“
„Nein, nein, liebste Clara, der Bach war ganz nett.
Aber sag mal, mein Liebling, wann gehn wir zu Bett?“

„Ich gar nicht, mein Schatz. Das tut mir zwar weh.
Doch die Kutsche wartet, ich geh auf Tournee.“
Dem Robert grauset's. Und aus tiefster Not
ruft er: „Clara, mach bitte noch Abendbrot!“

Chopin und die polnische Küche

In Frédérics reichem Lebenslauf
wird eines stets vergessen.
Jetzt schlag‘ ich dies Kapitel auf:
Er liebte polnisches Essen.

In Warschau buk die Mamutschka
die herrlichsten Piroggen.
Mit Bigosch, Borschtsch und Botwinka
war er selbst nachts zu locken.

Mamutschkas Gulasch war für ihn
in höchstem Maß ergötzlich…
Doch dann kam dieser Trip nach Wien.
Und da litt er entsetzlich.

Frittaten, Schnitzel (ekelhaft!).
Auch Nockerln, Brettljause
und Kaiserschmarrn mit Himbeersaft.
Er wollte nur nach Hause.

Zabianka essen, Pulpety
und echte poln‘sche Gurken.
Und schon fand er die Harmonie
für zwei drei, vier Mazurken.

Doch war Chopin nicht in Paris?
Was konnte ihn da locken?
Er hatte doch sein Paradies
aus Gulasch und Piroggen.

Der Bürgerkrieg. Er musste fliehn.
Und in Paris war Frieden.
Und alle Welt verehrte ihn,
den Meister der Etüden.

Und das trotz Quiche, trotz Crème Susette,
trotz provencal'scher Wachteln.
Doch wollt' er sehnlichst wieder fett
Mamutschkas Ente spachteln.

Als Komponist und Mann, da fand
Bewunderung und Glück er.
Doch Polen blieb sein Heimatland
Da wollte stets zurück er.

Ob's wegen der Piroggen war,
kann man zwar nirgends lesen.
Doch hört man das nicht wunderbar
in seinen Polonäsen?

Die Begegnung

Peter Tschaikowskys Lebensweg,
von dem ich hier berichte,
war ziemlich rätselhaft und schräg.
Wie folgende Geschichte:

Die Liebe? War ihm selten Quell
des Glücks. Ganz im Vertrauen:
Der Peter war da recht speziell:
er stand nicht so auf Frauen.

Drum duckte er sich meistens weg.
Doch dann kam jene Dame,
die wunderschöne Frau von Meck.
Nadeschda, welch ein Name…

Die Witwe hatte Geld im Schrank
und liebte Peter innig.
Und der war meistens ziemlich blank.
Da schien es mehr als sinnig,

dass ihm Nadeschda - sagen wir -
nicht nur ihr Herzblut sandte.
Und er bedankte sich bei ihr
schon mal mit 'nem Andante

Dafür bekam er ein Salär.
Klar, das empfing er gerne.
Und mochte auch Nadeschda sehr,
jedoch nur aus der Ferne.

Dann war es nicht mehr zu umgehn:
In einem Parkgelände
da sollten Sie sich endlich sehn.
Und so sieht's die Legende:

Sie ging beglückt auf Peter zu,
voll Anmut und voll Frische.
Doch Peter spielte Blindekuh
und ... schlug sich in die Büsche.

Was ihm Nadeschda übel nahm.
Das kann man sich ja denken.
Der Peter wollte sich voll Scham
im Schwanensee ertränken.

Ja, Peter wusste manche Mär
gefühlvoll zu verpacken.
So weich und schmiegsam wie Mohair.
Doch in der Liebe hatte er
manch harte Nuss zu knacken.

Der Claude Debussy

Der Claude, der hätte völlig unbemerkt und still
als Pförtner leben können mit ‘ner kleinen Rente.
Doch schon als Jüngling traf er auf Madame Fleurville,
und die sah seine musikalischen Talente.

Das heißt, sie sah zunächst in diesem jungen Mann
den schönen hochbegabten Tastenvirtuosen.
Doch dieser, ach so fromme Wunsch ging irgendwann
- ich sag es mal ganz schlicht - voll in die Hosen.

Vielleicht war ja sein Anschlag lahm und zu verzagt,
vielleicht griff er dabei auch schlicht zu oft daneben
„Wenn das so ist,“ hat sich da unser Claude gesagt,
„Na bitte schön, dann komponier ich eben.

Als Komponist hab ich auch beide Hände frei
und kann mit ihnen mir diversen Damen schnappen.
Ob es nun Gaby, Emma oder Lily sei
und ob sich die Affären häufig überlappen.

Nur hab ich leider dabei immer ein Problem:
Keine der Damen hat so richtig Kies im Rücken.
Ich würd ja gerne eine reiche Tussi nehm‘.
Doch kann in diesem Leben ja nicht alles glücken.

☞

Doch schreiben kann ich… auch mit Kokain in Blut.
Als Komponist muss ich ja auch nicht auf die Bühne.
Für seine ‚Arabeske' war ein Rausch sehr gut,
vier Gläser Rotwein brauchte er für ‚Clair la lune'.

Ja, Debussy, der hat sich meistens arrangiert.
Und ist dabei auch oft nicht schlecht gefahren.
Hat komponiert und komponiert und komponiert.
Das hat schon was gebracht in sechsundfünfzig Jahren.

Ja, die Moral von der Geschichte lautet schlicht:
So ein Klaviergefühl kann man kaum antrainieren,
und triffst am Flügel du die richt'gen Tasten nicht,
kannst Du ja immer noch erfolgreich komponieren.

Der Gourmet

Der äußerst stattliche Rossini,
der war als Knabe zart und schmal.
Vor allem war er schon als Teenie,
rein musikalisch, genial.

Und glaubt es mir: mit schlanken achtzehn
war seine erste Oper da.
Ich kenn‘ dies Frühwerk nur vom Nachsehn.
Wo wohl? Auf Wikipedia.

Die nächste kennt auf jeden Fall ihr,
die schrieb er noch im gleichen Jahr.
‚Die Italienerin in Algier‘.
Obgleich er nie in Algier war.

Und eine ist ja noch bekannter:
die gräfliche Verkleidungsshow.
Sevilla und ein intriganter
Barbier.... bravo bravissimo.

Charmant und locker. Und ich glaube,
es gäbe davon viel viel mehr,
wenn da nicht Beethoven, der Taube,
entsprechend laut geworden wär.

Der meldete ganz vehement sich:
„Dein Zeug ist italienisch fad.
Für Ernstes haste kein Talent nich,
nur für Paris, da reicht‘s man g‘rad.“

☞

So hat's ihn nach Paris verschlagen.
Von da an schuf er für den Bauch.
Denn ja, er kriegte es am Magen,
der Zunge und am Gaumen auch.

Der Oper ging er fast verloren.
Die Haut Cuisine vernascht ihn schier.
Er wollte nur noch köcheln, schmoren,
und ziemlich selten ans Klavier.

Wenn Gioachino komponierte,
dann große Festschmaus-Sinfonien,
mit denen Gaumen er verführte,
statt das Gehör mit Melodien.

Auch fand er manche interessante
Note, klar, für sein Kalbsfilet.
Gern köchelte er ganz andante
sein leck'res Hühnerfrikassee.

An einen Wahlspruch glaubte fest er:
Dass Appetit *den* Taktstock führt,
der das gewaltige Orchester
der Leidenschaften dirigiert.

Boh, das hab wörtlich ich zitiert
und noch gereimt. Habt ihr's kapiert?

Und deshalb stand an seinem Herd er.
Er hat frittiert, gerührt, poschiert.
und am Klavier hat unbeschwert er
nur noch hors d'oevres uns serviert

Er war Gourmet, das wollt' er sein
mit Herz und allen Innerei'n.

Und ganz presto macht er Pesto,
hat filetiert, nicht dirigiert.

Statt Allegros gab's Tournedos,
statt Soubretten - Kalbsbouletten,
statt Fermaten - Rinderbraten,
nicht Gavotten, nein, Karotten,
statt Polonäse - Ziegenkäse,
statt Notenschlüsseln - Bratenschüsseln,
statt mezzoforte - Sahnetorte.

Statt dramatischem Geschehen,
kulinar'sche Soireen.
Doch erst mal an den Trüffeln schnüffeln
und die Küchenhilfe rüffeln.
Stets die Frage: schmeckt es auch?
Und die Antwort? War sein Bauch.
Doch die Liebe - möcht ich sagen -
geht bekanntlich durch den Magen.

Lohengrin

Der Richard Wagner, ich gestehe das, Leute,
ist zwar nicht so ganz meine Kragenweite.
Doch in musikalischem Lichte gesehen,
kann man ihn eigentlich nicht übergehen.

Dreizehn Opern habe ich mühsam gezählt.
Und hoffe, dass da nicht noch eine fehlt.
Dreizehn Stück. Und ich will es hier jetzt riskieren,
euch eine der größten zu präsentieren.

Jeden Wagnerfan zwingt sie zum Niederknien.
(jetzt könnt ihr mal reimen)... Der <u>Lohengrin.</u>
Um eine Frau geht's, das ist wohl bekannt.
Es geht um die Elsa von Brabant.

Die hat, so klagt Friedrich von Telramund an,
ihren Bruder erschlagen, irgendwo, irgendwann.
Als sie keiner verteidigen will, sieht man ihn nahn.
den Gralsritter Lohengrin auf einem Schwan.

Sind meine Reime denn sauber, ihr Lieben?
Wisst ihr, Wagner hat sie stets selber geschrieben
die Librettos und reichlich um Reime gerungen
und sie gewaltsam ins Versmaß gezwungen.

Als Lohengrin naht, dröhnt ein Männerchor
das folgende Lied zum Himmel empor:
Seht! Seht! Welch ein seltsam Wunder! Wie? Ein Schwan?
Ein Schwan zieht einen Nachen dort heraaan!

Was dem Reim und dem Versmaß er angetan,
da kann ich nur sagen: mein lieber… Schwan.
In der Oper rettet der edele Ritter
die Elsa, doch ist die Bedingung nicht bitter?

Nie sollst du mich befragen,
noch Wissens Sorge tragen,
woher ich kam der Fahrt,
noch wie mein Nam' und Art!

Ich weiß, Freunde, das ist ein Prachtgedicht.
So schön verschwiemelt. Reicht da nicht
ein einziger, klar formulierter Satz:
„Persönliche Fragen? Tabu mein Schatz.“??

Genau. Doch ich finde eins ziemlich scharf:
Elsa ist eine Frau, die nicht fragen darf.
Und als sie‘s im Brautgemach dennoch tut,
kam das gar nicht gut.

Als Rächer herzu stürzt der Telramund.
Lohengrin sticht ihn nieder. Auch nicht gesund.
Und bekennt sich als Ritter des heiligen Grals.
Das versprach echte Wunderkraft ehemals.

Wen wundert‘s, dass der Schwan sich knall peng
in Elsas Bruder verwandelt. Jetzt wird es eng
für Lohengrin. Wegen der neugier‘gen Frage
muss er weg. Und schon sagt er: „Tschüss, bis die Tage. “

Dabei war er gerade mit Elsa vermählt.
Die sinkt hin. Bei Wagner steht wörtlich „entseelt".
Sie haucht nur noch „Ach", und der Chor ruft laut „Weh!"
Das ist nicht gereimt, und schon deshalb okay.

Alles höchst dramatisch. Und kein Happy End.
Doch die Zuschauer liebten es wohl turbulent.
Denn die Oper hat Richard echt Schotter gebracht.
Das hat sich recht gut auf dem Konto gemacht.

Viele Gläubiger machten das Leben ihm mies.
Und er floh in die Schweiz, nach London, Paris.
Nur der Bayernkönig Ludwig der Zweite
bewahrte ihn oft vor der restlosen Pleite.

Richard hat ihm dafür seine Seele versprochen.
Und ist ihm sehr oft auch… wo reingekrochen.
Dem Wagner von heute? Mal nachgedacht:
Wer hätte ihm heute den Sponsor gemacht?

Einer sitzt am Spielfeldrand oder auf dem Grün der 12

Der Waldgeist

Wer steht an der Acht und schaut nicht zurück?
Dort steht Golfer Ewald, die Fahne im Blick.
Er hält den Schläger gut in der Hand.
Er prüft seinen Schwung, und er prüft seinen Stand.

"Mein Bällchen, was birgst du so bang dein Gesicht?"
"Siehst, Ewald, du den Waldgeist denn nicht?
Der Waldgeist, er lauert hier rechts im Gesträuch."
"Bleib ruhig, mein Bällchen, das haben wir gleich."

Willst, süßer Titleist, du mit mir gehn ?
Im tiefen Dickicht, da liegt sich's so schön,
im tiefen Dickicht, da findest du Ruh,
und Laubwerk und Äste, die decken dich zu.

"Ach Ewald, mein Ewald, und hörst du denn nicht,
was mir der Waldgeist da Schönes verspricht?"
"Mein Bällchen, sei ruhig, ich schlag dich jetzt kühn
mit dem Eisen neun direkt auf das Grün.

Und lässt du zum Birdie ins Loch dich versenken,
will ich im Regal dir den Ehrenplatz schenken."
Der Golfer schlägt locker, ist ja auch nicht schwer.
Noch fliegt der Ball grade...doch jetzt? Jetzt nicht mehr.

☞

Was ruft er im Fluge? Man hört es ganz leis:
"Der Waldgeist, der Waldgeist. Er zwingt mich zum Slice!"
Dann ist nur noch Stille. Der Wind streicht ganz sacht
durch den Busch, und es ist, als wenn da jemand lacht.

Dem Ewald grauset's, er eilt ganz geschwinde,
auf dass er den Ball doch noch spielfähig finde.
Er wühlt sich ins Laub, reißt am Strauch sich zwei Wunden,
zerfetzt sich die Jacke. Sein Ball bleibt verschwunden.

Was nützen Big Berthas grafitene Schäfte
gegen die Willkür mystischer Kräfte?

Wetterfest

Wild zuckt der Blitz, es peitscht der Regen.
Zwei Golfer seh ich auf dem Platz.
Sie kämpfen sich dem Sturm entgegen
mit harten Schlägen, starken Puts.

Das Wasser rinnt in beider Kragen,
auch in den Schuhen steht‘s bereits.
Da höre ich den einen sagen....
Was heißt hier ‚sagen‘? Nein er schreit’s:

(Ihr wisst: der Sturm) „Du, meine Inge
fragt doch heut morgen, ob geschwind
ich mit dem Hund noch Gassi ginge.
Bei diesem Wetter? Mann, die spinnt.“

Gerätekunde Der Putter

Foto::Pawlowski

Dies ist - wie ihr seht - ein Putter.
Was ein Putter braucht, das hat er:
Hier der Griff, um ihn zu halten,
fromm die Hände drum zu falten.
Denn du musst viel Glaubenskraft
über deinen Putterschaft
in den Schlägerkopf hier zwingen,
dass nach leichtem Pendelschwingen
er den Ball zum Loch mag lenken,
um ihn mittig zu versenken.

Wenn das nicht so richtig geht,
fehlt's an Demut im Gebet.
Die, die in der Kirche schlafen,
wird der Herr beim Putten strafen.

Aber wenn vor Wut du kochst,
weil du wieder mal nicht lochst,
schmeiß den Putter nur nicht gleich
in den nächsten besten Teich.
Bleib gelassen, denk daran,
was dein Putter sonst noch kann.

Er kann dir beim Gehen nützen,
kann sogar die Seele stützen.
Reinhold Messner am K4
hing an diesem Putter hier.
Oder auch der Alte Fritz
stützte sich bei Austerlitz...
oder Leuthen...? Jedenfalles
war’s ein Putter. Der kann alles:
Lasten hebeln, Eimer tragen,
Nägel in die Wände schlagen.
Denk daran: ein Martin Luther
schlug mit einem Wilson-Putter
seine fünfundneunzig Thesen...
Hier, mein Wort... so ist's gewesen.
Und das Mordgerät von Kain
soll von PING gewesen sein,
...wie Herr Klein mir kürzlich schwor,
als im Zählspiel er verlor.

Ja, du siehst jetzt sonnenklar:
so ein Putter: wunderbar!
Löst die schwersten Lebensfragen,
hilft in allen Lebenslagen.
Alles aber kann er nicht,
jedenfalls aus meiner Sicht:
Stehst du auf dem Grün, dem satten,
kann er eines gar nicht: PUTTEN.
Ja, die Schwäche hat er eben:
Stets schiebt er den Ball daneben.

Nur bei einem frommen Beter -
hab ich jedenfalls gehört - da geht er.

Grausamer Sport

„Das Golfen“, sprach Frau Megerlein
beim Kaufmann zu Frau Lage,
„das soll ja furchtbar grausam sein.
Kommt für mich nie in Frage.

Ein Mann schlägt, wenn sein Ball nicht fliegt,
dort Ladies, doch ich ahne:
das rächt sich bitter. Dauernd liegt
tot einer an der Fahne.“

Fußball gibt es ja auch noch!

Die Nachspielzeit

Der Ball ist rund. So sagt man doch.
Und so ein Spiel das dauert…
Oft frag ich bang… wie lange noch,
denn überm Rasen lauert

die grauenvolle Nachspielzeit.
Drei, vier, gar fünf Minuten?
Wie lange macht's der Schiri heut?
Das kann man nur vermuten.

Schläft einer fast beim Laufen ein,
klemmt's in der Viererkette,
ruft schroff der Coach von draußen rein
„Ich geh kurz auf Toilette!",

wird das vom Schiri streng notiert.
Da ist er ganz präzise.
Die Nachspielzeit kommt garantiert.
Und dann? Dann brennt die Wiese.

Dann wird geklotzt, gehetzt, gefetzt,
bis dass die Knochen splittern.
Ich frag mich dann: Warum erst jetzt?
Und kann nur eins noch: zittern.

Entweder die Minute rennt
Oder sie schleicht. So lange?
Oft wird sie grausam abgetrennt
mit einer Flügelzange.

Ich weiß, ich weiß. Der Ball ist rund.
Doch diese Nachspielphase
ist alles andre als gesund
fürs Herz und für die Blase.

Ein Spielbericht

Heute muss das Team es bringen,
steht mit dem Rücken an der Wand.
Jetzt muss der Funke überspringen.
Und Hektik gibt's am Spielfeldrand.

Von dort wird sie hineingetragen:
Ruft heut die volle Leistung ab!
Den Kampf annehmen! Sozusagen
den Sack zu machen, wenn auch knapp.

Doch da ist nix mit Schneid abkaufen,
gar kein Rezept, ein müder Kick.
Wie sie jetzt in den Konter laufen!
Der Abwehr fehlt der Überblick.

Sie stehen einfach nur daneben.
Im Strafraum brennt es lichterloh.
Seht, wie die andern Vollgas geben,
da hilft kein Zupfen am Trikot.

Tor!! Jetzt muss durch die Mannschaft gehen…
Der doch so viel beschwor'ne Ruck!
Damit sie dann kompakter stehen
und diesem Schwung und diesem Druck

☞

standhalten. Jetzt ins Spiel zu finden,
kann über ‘n Kampf nur möglich sein.
Doch arbeiten sie kaum nach hinten
und laden ihren Gegner ein,

sein Spiel zu machen, flott vom Hocker
und bitte auch sein zweites Tor.
Vielleicht ein Heber, leicht und locker.
Verzeihung, kommt nicht wieder vor.

Das Team? Hat sich umsonst geschunden.
War hinten offen, vorne zu.
Mal wieder für zu leicht befunden
Der Trainer leckt die Spielerwunden.
Da hat er viel zu tun. Und nu??

Vorsicht: Nicht jugendfrei!

Schlafraumszenen

Sie war entgegen ihm gegangen,
um sanft sein Dribbling abzufangen
mit einer leichten Fußabwehr.
Doch er - ein Könner - spielte quer.
Sie machte ein gestrecktes Bein.
Da er drang in den Strafraum ein,
tat sie im Anstoßkreis zart pressen,
um dann gekonnt mit langen Pässen
das Mittelfeld zu überbrücken.
Präzise Flanken fanden Lücken.
Dann zog er sich bewusst zurück.
Da kam sie mit dem Hackentrick.
Doch er verschleppte jetzt das Spiel.
Sie leicht zu kontern war sein Ziel.
Auch wenn sie stöhnte: schieß dein Tor,
zog er den Fallrückzieher vor.
Doch ihre Technik: filigran.
Sie presste auf der Innenbahn,
was ihn aus seiner Deckung brachte.
Und als er seinen Schlenzer sachte
hineinschob auf der Gegengerade,
kam sie mit einer Glanzparade.
Sein strammer Nachschuss fand das Ziel.
Und dann der Schlusspfiff! Welch ein Spiel!
Ein Spiel voll Feuer, Lust und Kraft.
Auch wenn er keinen Hattrick schafft.

Der da versteckt sich im Kalender

Der Terminkalender

Wer sitzt ganz gemütlich am Frühstückstisch?
Christine und Frieder. Die Brötchen sind frisch
und knackig. Und der Kaffee? Er schmeckt.
Wie die Eier, schön weich. Es scheint alles perfekt.

Mein Frieder, was machst du denn für ein Gesicht?
Stimmt etwas mit dem Kräuterquark nicht?
„Nein, liebste Christine, der Quark ist okay!
Aber spricht da nicht einer, da hinterm Buffet?“

Du lieber Frieder, ich stör kurz beim Essen.
Habt ihr Onkel Heinrichs Geburtstag vergessen?
War der nicht gestern? Und verzeih, dass ich frag:
Was war noch am kommenden Donnerstag?

„Ach, liebste Christine, mein Gott, ist das peinlich.
Gestern war der Geburtstag von Opa Heinrich.
Und am Donnerstag ist doch… ich komm jetzt nicht drauf.“
„Da kann ich nur sagen: Schreib dir das auf.“

Dann fürchte ich fast, du hast auch nicht notiert,
was Dienstag in einer Woche passiert.
Liegt nicht irgendwo so ein Zettelchen rum?
Und wann musst du zum Augenarzt? Kümmre dich drum!

„Christine, ich hab da Termine vergessen,
Bitte hilf mir!“ „Aber nicht jetzt beim Essen.
Und da hängt ein Kalender hinterm Buffet.
Aber nicht nur zur Zierde, wie ich das seh.“

Genau. Der Kalender bin ich, lieber Frieder.
Und glaube mir eins, ich ermahn dich nicht wieder.

Dem Frieder graust’s. Er sucht sich schier krumm.
Wo sind nur die Zettel? Wo fliegen sie rum?
Und was war nur wann? Auch die gute Christine
erinnert sich nur an zwei seiner Termine.

Doch die andern sind futsch. Na, das ist ja heiter.
Der Kalender schweigt. Und wer hilft nun weiter?
Ich will hoffen, dass Frieder nicht auch noch vergisst,
wann in diesem Jahr Ostern und Pfingsten ist.

Oster-Betrug

Wer kann noch Nachrichten verdauen?
Beschiss und Lügen noch und noch.
Wem kann man heute noch vertrauen?
Das Osterfest beweist es doch.

Was kriegt der Osterkunde, wenn er
den Schoko-Hasen-Einkauf macht?
Nur umgeschmolzne Weihnachtsmänner
aus dem Bestand zweitausendacht.

Die Ostereier-Konsumenten?
Die werden hinters Licht geführt
mit bunten Vorjahrs-Remittenten.
Der Datumsstempel farbverschmiert.

Das Osterlamm als Festtagsbraten?
Beschiss! Und nicht mal Pferd und Schwein.
Import. Aus welchem Land? Erraten:
aus China. Sollen Dackel sein.

Und dort am Berg das Osterfeuer?
Auch nur Betrug in großem Stil.
Holz ist zu knapp, Papier zu teuer.
Nur Autoreifen gibt's zu viel.

Osterspaziergang à la Goethe?
Von wegen. Mir pfeift unterwärts
ein Schneesturm durch die Hosennähte:
die Tiefdruckzone ‚Friederich Merz'.

Und der Beschiss wird immer böser.
Hat Ostern jemals was gebracht?
Ne, keinen Jesus. Nix Erlöser.
Nur faule Eier: Gute Nacht.

Verweigerung

Geht das, ein Spaßgedicht zu machen
auf Ostern? Was gibt's da zu lachen?
Zum Beispiel sind so Osterlämmer
nicht gerade die Satirehämmer.

Und Witze über's Eierblasen?
Na ja. Und auch die Osterhasen
aus Marzipan und Schokolade?
Ganz öde. Wenn man nicht gerade

beim wilden Auf-die-Suche-gehen
sich auf sie draufsetzt aus Versehen
und sie zu einem Fleck verbreitert,
was zugegeben stets erheitert.

Doch dass man, wenn man was versteckt,
ein Ei von vom letzten Jahr entdeckt,
ist kaum satirekompatibel.
Auch, dass mir regelmäßig übel

wird, wenn ich Eier mit Likör
- aus purer Höflichkeit - verzehr…,
find ich das überhaupt nicht lustig.
Doch ganz besonders packt der Frust mich,

wenn ich aus meinem Fenster schau.
Das Osterwetter? Nass und grau.
Der Regen peitscht durch die Allee.
Osterspaziergang? Witzig? Nee!

Und Auferstehn in dieser Zeit
sorgt auch nicht recht für Heiterkeit.
Säß ich nicht hier des Reimens wegen,
hätt ich jetzt Lust, mich hinzulegen.

Was kann an Ostern lustig sein?
Da fällt mir nichts, rein gar nichts ein.

Osterlimericks

Zu Ostern aß der Okko aus Leer
zehn Trüffeleier. Oder warn's mehr?
Seine Frau schimpft: Das gibt's nich,
du misst schon eins siebzig,
allerdings nicht längs, sondern quer.

Eine ältliche Henne aus Guckai,
die machte sich vom Leistungsdruck frei.
Sprach sich von der Lieb los,
lebt jetzt hahnlos in Sieblos
und legt nur noch Ostern ein Schmuckei.

Am Wildgehege fragt Peer:
Wo kommen die Frischlinge her?
diese niedliche Schar?
Die Antwort ist klar:
Vom heftigen Osterverkehr.

Zu Ostern putzt Walter aus Esebeck
statt Braten nur Bolognese weg.
Und weichen Kuchen.
Beim Eiersuchen
kam ihm im Gebüsch die Prothese weg.

Der Pfingstausflug

Warum in die Ferne schweifen?
Warum Oma, Mutter, Kind
staugestresst mit heißen Reifen
Pfingsten in den Süden schleifen,
wo auch schon die andern sind?

Warum in die Ferne düsen?
Barbados und Florida?
Warum schlappe Palmen leasen
in obskuren Paradiesen?
Sieh, das Gute liegt so nah!

Für uns liegt's gleich um die Ecke.
Morgens rasch ein Schlückchen Tee,
und dann Fresskorb, Buch und Decke,
und schon geht es auf die Strecke
mit dem Rad zum kleinen See.

Zwischen Feldern, zwischen Bäumen
schmiegt er sich so still und weich.
Sonnenwarme Wiesen säumen
rings das Wasser. Ente träumen
unterm hängenden Gesträuch.

Menschen breiten bunte Decken.
Und der Duft vom Würstchengrill
soll den kleinen Hunger wecken.
Kinder toben, andre schlecken
Eiscreme. Und die Zeit steht still.

Warum in die Ferne jetten?
Mache es doch so wie ich.
Und Du findest – wolln wir wetten? -
zwischen Brennnesseln und Kletten
einen Fleck, ‘nen stillen netten
für die Liebste und für dich.

Am 26.Juni ist Weltdrogentag

Freunde kommt, am Tag der Drogen
wird schwer einer reingezogen.
Und wer kleine Kinder mag,
Gestern war Welt-Kindertag.
Erdrutsch gibt's am Tag der Erde,
Stutensteaks am Tag der Pferde.

Und ein flotter Terrorschlag
kommt gut am Weltfriedenstag .
Tag des Buches, Tag des Sparers,
Tag des Luxusauto-Fahrers.
Tag der Laus und Tag der Leber,
Tag der Teilzeitarbeitgeber.

Tag des Herrensockenhalters,
Tag des Renteneintrittsalters.
Tag des Schuhes, Tag des Senkels.
Tag der Tasse, Tag des Henkels,
nicht des Olafs, nein, den mag
ich nur am Weltpfeifentag.

Tag des Klos und Tag der Brille.
Tag der Welt-Sedierungs-Pille.
Höhepunkt wär ohne Frage
mal ein Tag des Tags der Tage.

1. Oktober

Vegetariertag
Tag der Älteren
Tag des Lächelns
Tag der Weltmusik
Tag der Stiftungen

Wir hatten schon heut früh besprochen.,
was wir zum Abendessen kochen.
Rouladen fanden wir nicht übel,
mit Gurke, Speck, ‘ner halben Zwiebel....

Rouladen ess ich schrecklich gern.
Doch mittags sagt mein Augenstern:
„Du, heut ist *Vegetariertag,*
was ich nicht ignorieren mag.

Vor allem wär das sicherlich
bei deinem Alter was für Dich.
Denn *Tag der Ält‘ren* ist heut auch.“
(Ein Tag, den ich so gar nicht brauch)

Ich frag: „Und was gibt’s da zu lachen?“
„Hilft nix“, sagt sie, „ich muss das machen,
weil heut auch *Tag des Lächelns* ist.
Mein Gott, was Du vergesslich bist.“

Worauf ich die CD mir schnapp:
‚Das Land des Lächelns‘. Dann geht’s ab:
‚Dein ist mein ganzes Herz‘. Das passt.
Ich weiß genau, dass sie das hasst.

☞

„Was willst Du", brüllt sie, „willst Du Krieg?"
„Doch nicht am *Tag der Weltmusik*.
Auch der ist heute", sag ich lächelnd.
und mit der Tageszeitung fächelnd

ergänze ich: „Heut ist laut taz
auch *Tag der Stiftungen*, mein Schatz.
Und deshalb stift ich jetzt bewußt
Unfrieden. Ich hab keine Lust
(und ist die Dingsbums auch am Dampfen),
heut Vegetarisches zu mampfen!"

31. Oktober
Weltspartag

Weltspartag ist's, und viele viele sparen
an Worten nicht: Dass Sparen ein Gebot ist.
Und dass durch Sparen man in schlechten Jahren
und auch in schweren Zeiten nicht in Not ist.

Die Mahnung findet bei mir offne Ohren.
Ich spar ja schon: an Zucker, Fett und Brot.
Ich hab bis jetzt zwar kaum Gewicht verloren,
Doch brauch ich‘s ja, wenn Armut mich bedroht.

Auch in der Politik zeigt man sich äußerst sparsam.
Man spart an klarer Sicht und gutem Personal.
Informationen hält man sparsam in Gewahrsam.
Ob das in schweren Zeiten hilft? Na, schaun wir mal.

Dass Sparen sinnvoll ist, hab ich schon oft erfahren.
Drum deute ich hier viel nur sparsam an.
Auch will ich mir jetzt weitre Reime sparen,
die ich in schlechten Jahren gut gebrauchen kann.

Weihnachts-Bonbons

Denkt euch, ich hab Bahnchef Lutz gesehn.
Er stand da als Weihnachtsmann. Ja, an Gleis zehn.
Der Lautsprecher hatte dort gerade verkündet
(und das mit Gleisbettarbeiten begründet),

dass der ICE sechvierdrei nach Berlin
eine Stunde Verspätung... und der nach Wien
heute ausfällt. Und Lutz? Das kann doch nicht sein:
Aus seinem Sack fischt er Schein um Schein...

und verteilt die Hunderter mit 'nem gesunden
Lächeln an die dort wartenden Kunden.
Durch die Züge geht jetzt Bahnvorstand Holle
mit Decken aus feinster Kaschmirwolle,

die er von seinen so kargen Bezügen...
So wird auch ein Nothalt zum reinen Vergnügen.
Auch Peterson, Huber, Seiler und Gerd,
alle Vorstände machen, wie man so hört,

in Zügen, auf Bahnsteigen brav ihre Runden
und beschenken großzügig dort ihre Kunden.
Wie heißt doch der griffige Slogan der Bahn?
„Mehr Bahn für alle"? Läuft doch nach Plan.

Und festliche Kundenzufriedenheit.
Halleluja, du herrliche Weihnachtszeit!

Fröhliche Weihnacht

Alle Jahre wieder
vor dem Weihnachtsfest
mich die Gattin Ida
glücklich werden lässt.

Alle Jahre wieder
sagt sie frisch und fromm:
„Freu dich lieber Frieder,
meine Eltern komm'."

Oh, was macht mich selig
dieser schöne Brauch.
Ida sagt ganz fröhlich:
„Tante Klara auch.

Sie kommt nicht alleine,
nein, mit Giselher."
Der liebt feine Weine
und den Kirschlikör.

„Und mein Lieber, denk dir,
unsre Tochter Grit,
die bringt als Geschenk dir
Nils und Paula mit."

Nils erfüllt mit Brüllen
festlich unser Haus.
Grit wird Paula stillen,
wechselt Windeln aus.

☞

Zu den warmen Düften
Vaters Pfeifenrauch.
Doch ich darf nicht lüften.
Welch ein Festtagshauch.

Mutter, Klara, Ida
stimmen Lieder an.
Giselher ist wieder
breit wie dreißig Mann.

Nils brüllt herzerhebend,
haut vom Tisch den Wein.
Stimmungsvoll belebend
fällt Klein Paula ein.

Mutter schreit verzweifelt:
„Ach, mein schönes Kleid!"
Weihnachtsfriede träufelt
in die Festlichkeit.

Welch Beglückung wieder,
wenn die Ida spricht:
„Hör mal, lieber Frieder,
Weihnacht ist in Sicht."

Verblüffende Nebenwirkungen

Foto: Pawlowski

Seht euch doch mal die Nase an
von diesem alten Weihnachtsmann!
Was die für eine Länge hat!!
Der Alte hatte es schlicht satt,
all die Geschenke einzupacken,
sich mit dem schweren Sack zu placken.
Er hatte - und zwar jeden Zoll -
vom Weihnachtsstress die Nase voll.
Auch von dem Pfefferkuchgeruch.
Drum nahm er sich ein gutes Buch
und steckte da die Nase rein.
Die Nebenwirkungen? Gemein:
Sein Riechorgan ward schwer und dicklich.
Auch längte es sich augenblicklich,
voll, wie es war, nach unten hin
in schwerer Wölbung bis zum Kinn.
Sein Mund - jawohl, man glaubt es nicht -
war plötzlich nicht mehr da, war dicht.
Die Nebenwirkungen sind böse,
zwar spart er eine Zahnprothese,
Doch kriegt er jetzt die Weihnachtsgans.
intravenös, als Weichsubstanz.

Foto: Pawlowski

Schon kommt das nächste Opfer dran.
Und wieder ist's ein Weihnachtsmann.
Er hatte seine zarten Ohren
bei einem Lauschangriff verloren.
Er lauschte auf dem Korridor
ganz frech und dreist am Himmelstor.
Dahinter saß beim Kerzenschimmer
die Himmelscrew in Herrgotts Zimmer,
beriet, ob man den Weihnachtsmann
sich heutzutag noch leisten kann.
Er lauschte unverfroren. Bloß
ganz plötzlich war er ohrenlos.
Die Nebenwirkung? So entartet
hat er die keinesfalls erwartet.
Da mussten dann ja irgendwann
mal wieder neue Ohren dran.
Und möglichst an den alten Platz
Doch gab's für seinen Beitragssatz
(nach Prüfung sämtlicher Faktoren)
nur diese schlichten Kassenohren.

Ihr Kinderlein kommet

Ihr Kinderlein kommet, o kommet doch all
zur Krippe mit Festporzellan und Kristall
und seht was in dieser hochheiligen Nacht
der Vater im Himmel zu Essen gemacht.

Schon zieht übern Tisch jener duftende Schwall,
fettglänzend der Rotkohl, die Klöße so prall.
Perfekt dekantiert schimmert purpurner Wein.
Viel schöner und holder kann Weihnacht nicht sein.

Da liegt es das Gänschen, vernäht am Popo.
Mareike und Jochen tranchieren es froh.
Die redlichen Kinder, die greifen voll Lust
nach leckeren Schenkeln und knuspriger Brust.

O brechet, ihr Kinder, die Schenkel am Knie,
sind fettig die Händchen, dann lecket ihr sie.
Beißt freudig, ihr Kinder, es soll euch nicht reu‘n
beißt freudig, ins weißliche Brustfleisch hinein.

Ja, das ist ein Fest voller Andacht und Glanz.
Still ruhen im Restsaft die Knochen der Gans.
Und jetzt noch zwei Schnäpschen, und nur keine Hast.
Nicht schlimm, wenn ihr deshalb die Kirche verpasst.

Weihnachtliche Limericks

Der fröhliche Hartmut aus Fischen
tut am Festtag ganz gern einen zischen.
Erst verteilt er dezent
Präsent um Präsent,
später liegt er liegt er als solches dazwischen.

Auch dem netten Peter aus Hagen
geht es gut an den festlichen Tagen.
Halbe Gans muss schon sein,
dazu zwei Flaschen Wein.
Und ins Bett darf Anita in tragen.

Leider kommt die Elfriede aus Esebeck
am Festtag nicht ohne Askese weg.
Der Spekulatius war
noch vom letzten Jahr.
Als sie reinbiss, brach ihr die Prothese weg.

Am Weihnachtstag sagt Jost aus Soest
zu sich selber viel zu oft Prost.
Klopft als Weihnachtsmann dann
bei der Nachbarin an,
rot bemäntelt, jedoch unbehost.

Dieser verbirgt sich im Medizinschränkchen

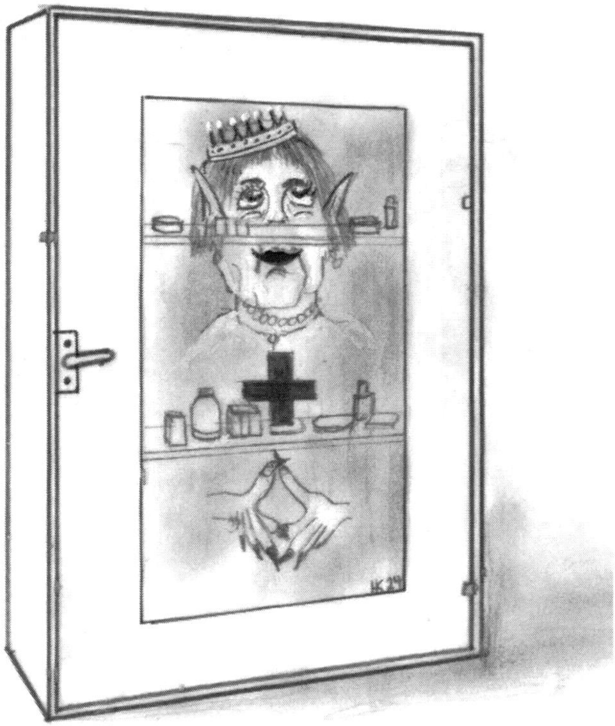

Selbstdiagnose

Wer tastelt so wild sich durchs Internet?
Es ist der Heiner. Und das ist Annett.
Annett putzt den Staub aus den Bücherregalen.
Der Heiner surft in den Gesundheitsportalen.

„Ach Heiner, was birgst du so bang dein Gesicht?“
„Du weißt doch, dass es hier untenrum sticht.
Und jetzt sieh dir hier diese Harnblase an.
Und hier, was dies Stechen bedeuten kann.“

Du lieber Heiner, du spürst so ein Zwicken?
erst mal ein Stecken, dann mehr ein Drücken?
Morgens weniger, abends vermehrt?
Das ist wohl ein kleiner Entzündungsherd.

„Annettchen, der sagt es hier klipp und klar:
Eine Blasenentzündung.“ „Na wunderbar.
Du gehst jetzt zum Arzt. Das ist lange geplant!“
„Nur diesen Link noch... Ich hab’s ja geahnt...“

„Hier schau dir an, wie die Keime streun.
Und da dringen sie in die Prostata ein.“
„Sieh nur, wie meine Prostata schwillt.“
„Das ist doch nicht deine. Das ist nur ein Bild.“

„Das sagst du. Ich geb jetzt mal ‚Prostata' ein."
Deine Prostata kann eine Zeitbombe sein,
Stechen plus Harndrang: ein erstes Symptom.
„Der Bildschirm, er warnt mich: ein Karzinom!"

„Ach Heiner, du glühst ja, nun gib endlich Ruh!"
„Der Bildschirm, er flüstert, er flüstert mir zu..."
Meist ist es zu spät, und dann wird es prekär.
„Annette, es packt mich! Ich sehe nichts mehr."

Annette erschaudert. Es fasst sie ein Graus.
Sie beugt sich zum Laptop. Sie schaltet ihn aus.
Zu spät. Ja, das hat nun der Heiner davon:
Bindehautentzündung vom Surfmarathon.

Affenpocken

Während Omikron noch immer
hampelt durch die deutschen Zimmer,
Reigen tanzt voll Saft und Kraft
mit Verwandt- und Nachbarschaft,
kommt was Neues angeflogen,
läuten bei den Virologen
Warn-, Alarm- und sonst'ge Glocken
Affenpocken, Affenpocken.

Wenn die netten neuen Viren
auch zunächst den Nagetieren
Mäusen, Hörnchen oder Ratten
freundlichen Besuch abstatten,
solln sie auch bei manchem Herrn
man könnt sagen: liebend gern
in die kleinste Öffnung schlüpfen
und dort zarte Bande knüpfen,
wenn sie Körperflüssigkeiten.
auf den Weg ins Glück begleiten.

Das Ergebnis: kleine Pocken
von den Zeh'n bis zu den Locken.
Wenn Corona steppt im Flur:
Ein paar Pickel? Peanuts pur!
Denkt man. Doch den Virologen
ward ein neues Kind geboren.
Und das können sie nun säugen
und es stolz betreun und zeigen.

☞

Und jetzt denkt auch Lauterbach
täglich etwas lauter nach,
wie er es den Pocken zeigt,
ohne dass sein Blutdruck steigt.
Doch wie er es jetzt auch dreht…
Wisst ihr was? Das Ganze geht
(ich sag’s hier mal frisch fromm frei)
mir total am Arsch vorbei.

Matratzenhorchdienst
(oder „Der Tag des richtigen Liegens“)

Falls Sie es nicht wissen: der dreizehnte Mai
ist der ‚Tag des richtigen Liegens‘.
Vielleicht sind sie dann ja endlich vorbei,
die Zeiten des Rückgrat-Verbiegens.

Da wird uns hoffentlich deutlich gezeigt,
wie wir sanft und bequem uns betten.
Weil ja, wer erfrischt aus den Federn steigt,
den Schwung hat, die Welt noch zu retten.

Es ist doch in vielerlei Lagen gut,
dass man richtig liegt. Auch im Stehen
und im Sitzen. Mit dem, was man sagt oder tut.
Hab ich recht? Na bitte! Sie sehen,

was ich meine. Ich scheine da offenbar
bei Ihnen ganz richtig zu liegen.
Und wer richtig liegt, das ist ja wohl klar,
der muss sich nicht krampfhaft verbiegen.

Oder doch? Wenn man richtig liegen will,
muss man oft etwas gerade zwingen,
was krumm ist, um es dann heimlich und still
in die passende Lage zu bringen.

☞

Im Klartext heißt das, so bitter es klingt:
Will Verdrehtes man gerade biegen,
muss man sehr häufig lagebedingt
lügen, um richtig zu liegen.

Himmel, wie ich mich hier wälz und verbieg,
die Gedankenflut passend zu fügen,
damit ich es richtig gelagert krieg,
dies Gereim zwischen Liegen und Lügen.

Ich will zwar trotz bestem Lattenrost
nicht den Ernst der Lage verkennen.
Doch den ‚Tag des Liegens' kann ich getrost
in Seitenlage verpennen.

Die Lösung

Ja, sie trifft ihn hart mit aller Schwere,
unsern armen Kalle Lauterbach.
Diese Krankenhausmisere
drückt ihn tags, hält nachts ihn wach.

Ja, das ist 'ne ausgewachsne Krise.
Und wie kommen wir da wieder raus?
Nur gemeinsam, lautet die Devise.
Deshalb operieren wir zu Haus.

Oma hat im rechten Knie Arthrose,
doch die kriegen wir schon wieder fit.
Und die kleine Schwester Annerose
die entbinden wir per Kaiserschnitt.

Tante Lu hat irgendwas am Herzen.
Klar, zur Klärung schauen wir mal rein.
Doch zunächst mal geht's um Opas Schmerzen.
Dem entfernen wir den Gallenstein.

Wenn wir ihn uns jetzt als erstes krallen,
werden wir - damit das besser flutscht -
gleich mal auf den Küchentisch ihn schnallen,
weil er sonst beim Eingriff runterrutscht.

☞

Danach setzen wir die Vollnarkose,
und damit die sicher wirkt und schnell,
holen wir uns Mutters Haarspraydose.
Und dann greif ich munter zum Skalpell.

Wo mag denn bloß wieder mein Skalpell sein?
Hat es Annerose okkupiert?
Denn die setzt es schon mal punktuell ein,
wenn sie sich die Achseln ausrasiert.

Kann auch sein, die Oma braucht's im Garten.
Oder Mutter hat es grade jetzt
(und dann kann ich lange darauf warten)
zum Gemüseputzen eingesetzt.

Tut es nicht auch die Geflügelschere?
Frisch ans Werk! Gleich haben wir's geschafft.
Operiern die Krankenhausmisere
solidarisch und aus eigner Kraft.

Brüder greift zum Tupfer und zum Messer!!
Schnippelt furchtlos Leber, Herz und Bauch.
Denkt dabei: Bald geht es Deutschland besser
.... und der Alterspyramide auch.

Voll Elan. So gehen wir die Krise an,
damit Kalle wieder besser schlafen kann.

Kurz geoutet

Das neue Ersatzteil

Seitdem an exponierter Stelle
mein Herz die neue Kurbelwelle
bekommen hat, scheint es beglückt
zu sein. Denn wie verrückt
hüpft es ganz plötzlich vor Vergnügen.
Doch alle seine Nachbarn kriegen
es mit der Angst: die Lunge keucht,
der Magen brüllt: Es reicht! Es reicht!
Der Blutdruck gibt sich voll die Kante.
Auch der Verstand ruft laut: „Andante!"
Und suggeriert sich: Lass Dir Zeit.
Doch ist mein Herz dazu bereit?
Fühlt sich doch flott wie 'ne Gazelle
mit seiner neuen Kurbelwelle.

Der da verbirgt auf dem Rücksitz

Elvira

Wer sitzt schon so früh im Opel Zafira?
Es ist der Hartmut mit seiner Elvira.
Sie fahrn in den Urlaub nach Bad Gastein
und biegen gleich auf die Autobahn ein.

„Elvira, was birgst du so bang dein Gesicht?“
„Ach Hartmut, hörst du die Stimme denn nicht,
diese leise Stimme?“ „Das ist einwandfrei
der Verkehrsfunk, mein Schatz, auf NDR 2.“

Du liebe Elvira, hast du dran gedacht
und den Haustürschlüssel zu Krauses gebracht?
Hast du abgeschlossen? Ich kann das nur hoffen.
Und sag mal, steht nicht das Klofenster offen?

„Ach Hartmut, mein Hartmut, wie soll ich das sagen?
Diese Stimme, weißt du, stellt echt blöde Fragen?“
„Sie fragt doch nicht, Schatz, sie sagt uns doch bloß,
dass bei Kassel ein Stau ist. Ist eben viel los.“

Sag mal, Elvira, brennt da nicht
in der Küche und auch im Bad noch das Licht?
Und hast du den Fernseher ausgemacht
und auch an die Katzenklappe gedacht?

☞

„Ach Hartmut, die Stimme lässt mir keine Ruh.
Ist das Katzenloch offen, das Klofenster zu?“
„Mein Gott, Elvira, das kann ich nicht sagen,
Du machst das Haus. Und ich pack den Wagen.

Elvira, wie kannst du so ruhig verreisen,
wenn die Herdplatte glüht und das Bügeleisen?
„Ach Hartmut, mein Hartmut. Ach, wende im Nu!
Unser Haus brennt jetzt ab und die Katze dazu!“

Den Hartmut grauset’s, er raset zurück.
Neben ihm hängt Elvira, Verzweiflung im Blick.
Erreichen das Haus mit Müh und Not.
Der Herd ist aus. Elvira ist ... jetzt in einer Selbsthilfegruppe.

Höhere Gewalt

Wer eiert so spät durch die Walachei?
Ein ICE. Es ist schon fast drei.
Dabei sollte präzise um 13 Uhr 9
der schon in Kassel-Wilhelmshöh sein.

Warum kriecht er denn so? Wie eine Schnecke?
Der Lokführer hält ihn doch fest auf der Strecke.
Ich fürchte, ein Erlkönig hat ihn betört.
Denn er zittert leicht und scheint ganz verstört.

Die Weiche dort, flüstert's, *hat einen Riss.*
Ob das Gleisbett noch hält, ist ungewiss.

„Lokführer, stopp deinen Autopilot.
Horch nur, wer mir aus dem Tunnel da droht."
„Bleib ruhig, mein Kleiner, komm, fahr bitte weiter,
das ist nur die Stimme vom Zugbegleiter!"

Bleib stehen, raunt es, *du hast nix zu bieten.*
Du rollst statt auf Rädern auf Defiziten
„Ach Lokführer, Lokführer, hörst du denn nicht?
Das ist der Chef von VW, der da spricht."

„Mein Kleiner, fahr weiter, ich flehe dich an!
Wir sind schon zwei Stunden zu spät wieder dran."
Da, höhnt es, *die Elektronik macht schlapp,*
und gleich gleich bricht auch der Radreifen ab.

„Lokführer, Lokführer, mir wird es ganz heiß!!“
Die Bremsen quietschen. Der Zug steht im Gleis.
Und über dem Gleis und über dem Wald
hört man’s bösartig kichern: Die höh’re Gewalt.

Den Lokführer graust’s. Er bringt den ICE
im Schneckentempo nach Wilhelmshöh.
Dort findet im Klo man vom letzten Wagen
den Zugbegleiter, von Gästen erschlagen.

Der Weg ist das Ziel

Wenn Du das Stehn im Stau verfluchst
und echte Abenteuer suchst,
hier die Idee: Der ICE !
Buch bei der Deutschen Bahn AG.

Denn völlig anders als im Stau
ist hier der Weg das Ziel. Genau:
Der Weg beginnt am Bahnsteig gleich
recht spannend und facettenreich.

Da ist die Lautsprecherdurchsage,
und dann die interessierte Frage
von einer Dame an der Seite:
„Wieviel Verspätung hat der heute?"

Und unversehens bist du schon
in trauter Konversation
mit einer wunderschönen Frau.
Sei ehrlich, hast du das im Stau?

Und bald sitzt du im Großraumwagen.
Ja, es kommt vor an manchen Tagen,
dass man es nur im Mantel aushält,
wenn im Abteil die Heizung ausfällt.

☞

Kommt vor, dass mal im Klo kein Licht ist
und dass der Speisewagen dicht ist.
Na und? Du, das erhöht doch prompt
die Spannung, was da noch so kommt.

Vieleicht steht gleich der Zug im Gleis
in schöner Landschaft, und wer weiß,
ob du den Anschluss nicht verpasst.
Genieß dann diese nette Rast.

Denn jeder Bahnhofsautomat
hält reichlich Köstlichkeit parat.
Auch lohnt es sich in jedem Falle,
die Konstruktion der Bahnhofshalle

sich anzuschaun ganz ohne Eile.
Dein Anschluss braucht ja noch 'ne Weile.
Kann sein, er kommt heut gar nicht mehr:
Ein Triebwerkschaden. Bitte sehr,

dann lernst unerwartet schnell
die Stadt noch kennen plus Hotel.
Sag selbst, ist eine solche Reise
nicht spannender als beispielsweise
das stundenlanges Stehn im Stau??
Genau!!

Duschhauben

Foto: Pawlowski

Bei der Hotelwahl bin ich eigen.
Ich lass' mir erst das Zimmer zeigen
und inspizier zunächst auch gleich
das Bad, den Sanitärbereich.
Und guck im Pflegeallerlei
nach Duschhauben. Sind die dabei?
Duschhauben zeigen sehr subtil:
Dies Haus hat Qualität und Stil.

In Häusern, die nicht Hauben bieten,
würd niemals ich ein Zimmer mieten.
Duschhauben. Da verzicht ich gerne
auf einen oder auch zwei Sterne.
Ja, Bodymilk, Shampoo und Fön
find ich zwar angenehm und schön.
Doch würd ich sie vermissen? Nein!
Nur Duschhauben. Die müssen sein!

☞

Nicht dass ich sie gebrauchen täte,
wenn früh ich in die Dusche trete.
Allein das Wissen, ich könnt's machen,
kann in mir ein Gefühl entfachen
von Luxus, Stolz, wie ich verwöhnt
hier werde. Und verschönt.

Ja, auch verschönt. Ich hab sie jetzt
schon ein zwei Mal mir aufgesetzt,
nackt vor dem Spiegel. Ich muss sagen:
Sie sind recht angenehm zu tragen,
von ungeahnter Eleganz.
Als sexuelles Stimulans
nicht auszuschließen. Irgendwie
erregend. Auch die Phantasie:

Ich seh sie: die Alt-Kanzlerin
nackt und mit Haube... Welch Gewinn
an Menschlichkeit, an zarter Nähe.
Und wenn ich Lindner vor mir sehe
mit dieser kleinen feinen Haube,
wirkt der viel schöner, ja, ich glaube
verletzlicher und ganz gewiss
auch fähiger zum Kompromiss.

Und Anna-Lena duschbehaubt
Hätt manchem schon den Schlaf geraubt.
Selbst Olaf niedlich, fast kokett
Drum: Hakt die Politik komplett,
zieht wieder einmal tagelang
da jeder an 'nem andren Strang,
sind wieder Nachtschichten in Sicht,
Duschhaubenpflicht

Nach Italien… der Liebe wegen?

Schon immer zog es deutsche Männer
und deutsche Frauen übern Brenner
in jenes Land, das unbedingt
den letzten Depp zum Dichten bringt.
Sie malten und besangen es
mehr als die Insel Langenes,
weil dort, wie kaum in Niedersachsen,
Ruinen und Zitronen wachsen.

Weil dort die Sonne gütig schmeichelt,
die dunkle deutsche Seele streichelt,
bis sie, vom roten Wein umtaumelt,
ganz hell wird und nur einfach baumelt,
die Leichtigkeit des Seins verstehend,
na,…wenigstens vorübergehend.
Ja, wie gesagt, es reisten viele,
und alle hatten ihre Ziele:

Canale Grande, Rom, Tizziano,
ein Cappuccino in Milano,
das blaue Meer und die Palazzi,
auch mal ein schwarzgelocktes Schatzi.
Kurz alles das, was Glück entfacht
und eine Seele selig macht.
Doch welche Deutschen ham beseligt
sich Italien verehlicht?

Selbst Goethe, unser Prunkgenie
fuhr singelich nach Rimini.

„Kennst Du das Land?“ frug Frau von Stein.
Und Johann Wolfgang sagte: „Nein.“
„Dahin will ich mit Dir, oh, mein Geliebter fliehn.“
Mit diesem Satz vertrieb sie ihn.

Vielleicht hätt alles noch geklappt,
hätt sie ihn einfach sich geschnappt…
Zack, mit dem größten aller Männer
ab in die Kutsche übern Brenner.
Vielleicht hätt das, ich sag’s mal hart,
uns doch so mancherlei erspart.
Eventuell auch dies Gedicht.
Das - zugegeben - weiß man nicht.

Doch so ist Wolfang leicht verkrampft
alleine übern Pass gedampft.
Wir wissen, wie er hingegossen
breitkrempig die Natur genossen.
Wie er von Seekrankheit betroffen.
Wie er in Rom sich vollgesoffen.
Doch was war dieser Reise Schluss?
Na, Weimar und Frau Wulpius.
Nein, heiraten im fernen Lande
das brachte nicht mal der zustande.

Auch Hauptmann nicht. Noch nicht mal Heine.
Auch der kam nie mit sich ins Reine.
Sodass nicht mal auf Helgoland
er mit Therese sich verband.
Oh nein, er trauert um Amalien
und fährt… alleine nach Italien.
Allein!! Und nur bis Genua,
was zweifellos ein Fehler war.

Hätt er in Rom sein Glück umworben,
er wär nie in Paris gestorben.

Auch Fanny Hensel hat ja nicht
im Süden sich verehelicht.
Sie ist mit ihrem Ehescheich
da hingereist. Ganz nett, obgleich
so ’n schwarzgelockter Gondoliere
auch nicht ganz schlecht gewesen wäre.

Selbst Clara hat von Rom geträumt,
nur hat sie leider es versäumt,
in späten robertlosen Jahren
mit Brahms da auch mal hinzufahren.
Der war ja dort, beziehungslos.
Schrieb seiner Clara täglich. Bloß
nur Schmusebriefchen, Sehnsuchtsschwätzen
kann kaum den Hautkontakt ersetzen.

Und hätte damals sich die Droste
gesagt: „Eh ich hier ganz verroste,
schnapp ich im Moor den Knaben da,
und nix wie ab nach Padua.
Dann gäbe es (was gilt die Wette?)
von ihr erotische Sonette.

Wie die von Eichendorf, na klar.
Der zwar nie in Italien war,
doch seinen Taugenichts, den schickt
er hin noch Rom. Und dort verstrickt
sich in die Liebe dieser Held.
Das hat er sich so vorgestellt,

☞

der Eichendorff. Klar, reiner Fake,
der auch noch scheitert. Völlig schräg.

Und Beethoven? Neun Sinfonien.
Und wohin führte das? Nach Wien.
Die Freunde sprachen auf ihn ein:
„Du solltest in Venedig frein.

Dann könntest Du, statt hier zu frieren,
dort die Aida komponieren.
Oder die Capri-Fischer. *Pronto!!*
Dann stimmte auch schon mal dein Konto
Das hatte Ludwig nie geglaubt.
Drum ist er auch so früh ertaubt.

Und Weber, Wagner, Richard Strauß?
War da Glückseligkeit im Haus?
Auch für den Denkerfürsten Kant
war Liebesglück ganz unbekannt,
Er hatte es sich weggegrübelt,
in Königsberg sich festgedübelt.
Vielleicht hätt er auf einer Reise
nach Rom, Venedig beispielsweise,
imperativisch aufgeschreckt,
gar seine Libido entdeckt.

Die fehlte auch dem Thomas Mann?
Der kam man grade bis Lausanne.
Und wo hat er geehelicht?
Nein, in Italien war es nicht.
Was ihn syntaktisch und im Bett
doch wesentlich gelockert hätt.

Wer weiß. Wer weiß. Na, jedenfalles
war das für mich jetzt erst mal alles.
Ich habe reimvoll mich bemüht,
das Land, wo manch Zitrone blüht,
als Land der Liebe zu verbuchen.
Doch siehe oben: Pustekuchen!

Aus meinem Reise-Tagebuch

Wie der Limerick entstand

Es sagte ein Ire aus Limerick:
„Bevor ich im Hirnschmalz den Schimmel krieg,
dicht ich Limericks,
die dem HERRN ich fix
als Bittgebet in den Himmel schick."

Aus der weiten Welt

Da staunte die Rita im Trollfjord,
und sie fand es ganz wundervoll dort.
Sie sagte zu Cord:
„Ich geh jetzt von Bord
und ganz ohne Groll mit 'nem Troll fort."

Auf der Fahrt durch die wilden Lofoten
wird doch eine Menge geboten.
Häufig Windstärke acht,
und es heult, und es kracht.
Mancher Magen läuft mehr als zehn Knoten.

Als eine Jungfrau aus Colmar
vom Pinot mal sternhagelvoll war,
hat sie sich verknallt
in den Grünewald,
in den Josef, was gar nicht so toll war.

Es sagte die Paula aus Klagenfurt:
„Ich höre, du willst mich was fragen, Kurt."
Sie wartet gespannt.
Doch er lächelt charmant:
„Ich hab gar nichts gesagt. Mein Magen knurrt."

In Sachsen

Die dicke Frau Schulz aus Marktredwitz,
die war auf den rundlichen Fred spitz.
Doch es ging nicht im Bett,
dazu warn sie zu fett.
Da versuchten sie's auf dem Klosettsitz.

Und die reiche Frau Welz aus Marktredwitz,
die war auf ein goldnes Korsett spitz.
Das passt zur Figur
und zur goldenen Uhr,
doch vor allem zum goldnen Klosettsitz.

Fragte Lotte den Leo aus Rottluff:
„Warum isst du nicht meinen Kompott uff?"
Da sprach er: „Ach Lotte,
nach deinem Kompotte
bin ich stets auf dem Potte so flott druff."

An der Ostsee

Herr Schmidt hat in Boltenhagen
seit Tagen schon einen im Kragen.
So kann er am Strand
den wirbelnden Sand
und den Nordwind besser vertragen.

Ein schüchterner Fischer in Warthe
voll Verlangen den Damen nachstarrte.
War stark sein Interesse,
bat er um die Adresse…
Und schreib ihnen dann eine Karte.

Es tat einen Herrn in Bansin
es schon morgens zum Wasser hin ziehn.
Er sprang voller Mut,
voll Elan in die Flut.
Allerdings nur bis fast zu den Knien.

„Ehe ich“, sprach die Dame in Ückeritz,
„am Strand mit verbrutzeltem Rücken schwitz,
geh ich Blaubeeren pflücken.
Doch jetzt spür ich beim Bücken,
dass ich statt in Beeren in Mücken sitz.“

An der Nordsee

Eine reizende Dame aus Norden
Ist - ganz nebenbei - sechzig geworden.
Ihre Torte schmückt prächtig
eine goldene Sechzig.
Das verdient einen Tapferkeitsorden

In anderen deutschen Landen

Ach, Wanderer, kommst Du nach Gersfeld,
musst Du durch den Wald und übers Feld.
Kommt dann irgendwann Strand,
bist verkehrt Du gerannt.
Ein zwar blöder, doch reimreicher Vers, gelt?

Ein Pastor aus Gunzenhausen
der machte beim Weißwürsteschmausen
zum Jubiläum im Pfarrhaus
zwölf Würsten den Garaus.
Das gab kräftiges Muffensausen.

„Lohnt nicht mehr," sprach Sieglinde aus Einbeck,
„dass ich beim Hans-Peter noch eincheck.
Der altert so fix.
Und es bringt ja auch nix,
wenn ich schock ihn gefrier oder einweck."

Die Golferin Heidi aus Angerstein
lädt sich häufig im Traum Bernhard Langer ein.
O, sie liebt diesen Herrn.
Und sie würde so gern
vom Langer ein klein bisschen schwanger sein.

Einer jongliert mit Sprache

Der Terminator (ostpreußisch verfremdet)

Wer radelt so spät durch Nacht und Verkehr?
Mecht säin das Vaterchen mit säin Jeer.
Er hält ihm im Arm nich. Es is aoch nich kalt.
Er hat ihm am Kindersitz festjeschnallt.

"Mensch, Jnurpel, was zitterst so bis inne Zeh'n?"
"Dem Mann, Papa, haste dem Mann nich jesehn?
Er hat mir bedroht mit säin blutijes Messer."
"Hier hast 'n Jummibärchen... jläich jehts der besser."

Komm, Jungchen, komm, ich will der was zeijen,
ich brachte man jrade zwäi Kinders zum Schwäijen,
die haben zwäi niedliche Messers im Ricken.
Komm mit, mechtst mir helfen, wir schnäei'n se in Sticken.

"Papa, der Mann, er ist hinter mir her.
Er flistert so jrausam. Ich fircht mir so sehr."
"Ach Jnurpelchen, was de da brummeln jeheert,
das is der Mercedes, wo hinter uns fährt".

Komm runter vom Fahrrad, mäin Daimler fährt schnellä.
Däin Mutterchen liecht jefesselt im Kellä.
Und mecht ich dir ham in der tedlichen Falle,
kommt der Terminator, und der macht dir alle!

☞

"Ach Papa, ich fircht mir, da steht unjeloojen
der Terminator mit jliehende Oojen!"
"Bläib ruhich, mein Prenterchen, alles im Lot...
Mecht säin ein Wahlplakat von Claudia Rot."

Jlaobst du, du Luntruss, ich will dir joß schonen?
Ich mach dir jetzt kalt mit zwäi Laserkanonen!
"Mensch, Papa, Mensch Papa, er mäichelt mir ab."
"Kerl, tu nich so wackeln! .... Herrje, das war knapp.

Ach Jottchen, dir steht ja der Schwäiß inne Locken.
Was musste so viel auch vorn Fernseher hocken!"
Das Vaterchen strampelt, er lejt sich janz schreeje .
Er peest wie verrickt ieber Straßen und Weeje

Da endlich das Schild (ihm zittern de Knie.):
PRAXIS FÜR KINDER-PSYCHOLGIE.
Hätt's so äine Praxis schon frieher jejeben:
Erlkenich säin Opferchen mecht häit noch leben.

Heiteres Berufe-Raten

Die Agentur für Arbeit ist nicht sehr aktiv,
obgleich wir viele Menschen ohne Arbeit sehen.
Nicht Ingrid, nein INDEED zeigt sich sehr kreativ
bei der Entwicklung völlig neuer Job-Ideen.

Natursäfte sind überall heut sehr beliebt.
Das gilt für alle Gruppen und für jedes Alter.
Kein Wunder, dass es viele offne Stellen gibt
als Kühler, Apfelpuffer und Zitronenfalter.

Auch in Geschäften und Abteilungen für Kleidung
beginnt das Service-Personal zu überaltern.
Es fehlt dort zur Betreuung vor der Kaufentscheidung
an Ausziehleitern, Fleischmessern und Sockenhaltern.

Geflügelzüchter gibt's, die Fachkraftmangel quält.
Vor Festtagen muss man das Personal erweitern.
Es ist nicht nur ein Abstecher, der dann oft fehlt.
Es mangelt auch an Ei-, vor allem aber Hühnerleitern.

Die Normen der EU sind Strafgesetzen gleich.
Die Arbeit in den Lagerhäusern könnte man verbessern
mit Zeigern, Fühlern, Reglern im Kontrollbereich.
Auch fehlt's an Fisch-, Brot-, Obst- und an Gemüsemessern.

Alle Politiker sind öffentlich oft sichtbar.
Der Pfad, auf dem sie gehn, wird finsterer und schmaler.
Deshalb sind als Begleitpersonen unverzichtbar
Scheinwerfer, Rück-, Richt-, vor allem Außenstrahler.

Zeitnah nachhaltig

Das schöne Wort ‚nachhaltig' wird fürs Gestalten
von Bedingungen nachhaltig vorgehalten.
Nachhaltig ist, was man zeitnah so macht
und was nachher noch vorhält,
sagen wir bis um acht.

So sind Steuersenkungen für unser Land,
sagt Herr Lindner, nachhaltig systemrelevant.
Doch wegen des Zeitfensters wissen wir nicht,
ob das nachhält, was er uns zeitnah verspricht.
Das verwirrt mich nicht mehr. Doch find ich privat
Nachhaltigkeit nahzeitlich sehr delikat.

Was meine Liebste mir zeitnah verspricht,
nachhaltig zu halten, gelingt ihr meist nicht.
Doch ich soll bei zeitnahen Schmuserei'n
wenn meine Zeit nah ist, noch nachhaltig sein.
Da*nach halt ich* mich wieder zeitnah bereit,
sonst beklagt sie noch mangelnde Nachhaltigkeit.

Die Zeit naht, da werde ich nachhaltig alt.
Zeitnah seh ich's an Gesicht und Gestalt.
Mein Zeitfenster ist eben nicht mehr so breit.
Doch hoffe ich auf etwas Nachhaltigkeit,
wenn ich zeitnah jogge und mich wenig stresse
und ballaststoffreich, also nachhaltig esse.

Ja, schwer ist's, Nachhaltigkeit vorzuhalten
und nachhaltig besser, zeitnah zu gestalten.
Wie dieses Gedicht, das kaum nachhaltig ist.
Mich stört es nicht, wenn man es zeitnah vergisst.

Bändige Liebe

Ich kann genau, also gefähr es sagen:
Geschehen ist mir das Gemach vor vierzehn Tagen,
als diese förmig und geschlacht gebaute Dame
(Andrea ist ihr durchaus säglich schöner Name)
ich muss schon sagen merklich in mein Leben trat,
indem sie flätig, also wirsch um Feuer bat.

Sie war aussprechlich schön, drum sagte ich gehalten
jedoch verblümt, ich sei da sehr gespalten.
Ich rauche nicht, jedoch wenn es gebührlich sei,
sie scheine nahbar und ich sei gerade frei.
„Wenn Sie ein Hold sind“, sagte sie erbittlich,
dann find ich das erhört und ausgesprochen sittlich.

Sein Sie gestüm“, so sprach sie mit beholfnem Lachen.
„Dann könnten wir viel Fug zusammen machen.“
Dabei sah sie mich kurz, das heißt aufhörlich an.
Und ich bin ein Geheuer und bedarft als Mann.
Ich weiß genau, hätt ich mich tadelig benommen,
sie wär nie schlüssig mit ins Bach-Konzert gekommen.

Zielführend

Politiker und Funktionäre handeln meist
zielführend. Was im Wortsinn heißt:
Sie führen, wenn ein solches Ziel sie haben,
es an der Hand wie einen kleinen Knaben

oder auch an der Leine wie den Dackel Klaus,
mal rechtsrum, linksrum, auch mal geradeaus.
Ein solches Ziel zu führen, ist nur scheinbar leicht
Denn es kommt selten vor, dass man's erreicht.

Trotz allerschönster Reden macht es dicht.
Auch wenn man es beschimpft, gehorcht es nicht.
Drum setzt sein Führer zu Erziehungszwecken
es oft in dunkle, abgelegne Ecken.

Da fällt‘s ihm leicht, klammheimlich zu verschwinden.
Und kann sein Führer es nicht wieder finden,
verliert es aus den Augen, sagt er ungerührt:
Was soll's? Ich hab das Ziel ja nur geführt!

Es dann noch zu verfolgen, lohnt nicht mehr.
Ja, so ein Ziel macht's seinem Führer schwer.
Das kann man täglich sehen, hören, lesen:
Dein Ziel, das fremde, unbekannte Wesen.

Einer verführt uns mit Sonderangeboten

Der Einkaufswagen

Wer hetzt noch so spät mit dem Einkaufswagen
im Supermarkt durch die vollen Etagen?
Beate und Manfred. Sie machen ganz fix.
Sie brauchen nur Brot noch und Butter, sonst nix.

„Beate, was machst du denn für ein Gesicht?"
„Ja hörst, Manni, du den Lautsprecher nicht
mit den Angeboten? Das ist doch nicht wahr..."
„Nur Butter und Brot. Sonst nix! Ist das klar!??"

Du süße Beate, oh, höre mich!
Zarte Sommerkleidchen hab ich für dich,
zarte Slips und BHs, denn der Sommer wird heiß!
Und alles alles zum Einführungspreis.

„Aber Manni, mein Manni, hörst du denn nicht?
Das ist Robert Habeck selbst, der da spricht."
„Der Habeck? Du spinnst doch. Du bist doch nur
scharf auf so 'n Fummel. Bei deiner Figur!"

Mein lieber Manfred, bitte etwas Beeilung!
Tolle Rasenmäher gibt's in der Freizeitabteilung.
Und 'nen Gartengrill, denn der Sommer wird heiß!
Und alles alles zum Einführungspreis.

„Du hast recht, jetzt hör ich es auch. Das ist er…
der Robert Habeck, unser Wirtschaftsminister.
Er selbst. Und er ruft mich, um Gottes Willen."
„Aber wir haben doch gar keinen Garten zum Grillen!"

„Aber hörst du nicht, wie er eindringlich spricht?"

Konsumieren ist erste Bürgerpflicht.
Und seid ihr nicht willig und kauft dies und das da,
erhöhen wir kurz mal die Steuer. Aus. Basta.

„Beate!" „Mein Manni!" „Jetzt fasst er mich an!"
„Ich bin ihm zu Willen!" „Er hält mich im Bann!!"
Die beiden grauset's. Und in schnellem Lauf
die Rolltreppe runter, die Rolltreppe rauf.

Rasentrimmer
Grill fürs Zimmer
Gartenbank
Fernsehschrank
Daunenbetten
Kastagnetten
Bücherstützen
Pudelmützen
Seidenbändchen
Gummientchen
Hundekämme
Badeschwämme

Erreichen die Kasse mit Müh und Not.
Riesenberge im Wagen, nur nicht Butter und Brot.
Und gibt's auch heut Abend nur Hafergrütze
Die Nation wird gerettet, und das ist spitze.

Mein stilles Göttingen

Markt und Straßen stehn verlassen.
Ruhig reiht sich Haus an Haus.
Einsam geh ich durch die Gassen.
Alles sieht so friedlich aus.

Die Geschäfte? Alle duster.
Auch die Kneipe dort am Eck.
Und der Bäcker und der Schuster?
Längst im Kaufpark oder weg.

Die Romantik leerer Stille.
Nichts verwirrt mir mehr den Blick.
Nur dort, wie ein letzter Wille,
träumt ein Billigshop vom Glück.

Sieh, die Scheiben toter Läden
mit Plakaten vollgeklebt.
Endlich einmal Kunst für jeden,
und das Stadtbild bunt belebt.

Ja, da kann ich friedlich wandeln.
Keine Menschenklumpen mehr,
die die Altstadt mir verschandeln,
kaufberauscht und tütenschwer.

Und das Eichsfeld? Umgeleitet:
Kaufpark über Drammetal
Ruhe hat sich ausgebreitet.
Gänseliesel muss erst mal

☞

nicht mehr dauernd küssen wollen.
Die Studenten - welch Gewinn -
küssen jetzt im tollen vollen
ALDI die Kassiererin.

Markt und Straßen stehn verlassen.
Gaslaternen leuchten schwach.
Und mein Schritt hallt in den Gassen.
Hoffentlich wird niemand wach.

Mein Konjunkturpaket

Es läutet morgens an der Tür.
Ist noch nicht richtig hell.
Doch gelb und gütig steht vor mir
der Mann vom DHL.

„Hallo! Hier, unterschreiben Sie,
ja, hier auf dem Gerät."
„Was bringen Sie mir denn so früh?"
„Ihr Konjunkturpaket!"

Schon ist er weg. Die Tür schnappt zu.
Und ich steh blöd im Flur.
Doch aus dem Bad ruft Hanna: "Du,
Ist das die Konjunktur?"

„Na endlich", ruft sie, und sie kommt
im Bademantel raus.
„Na, bitte schön, die liefern prompt.
Los, schnell, wir packen aus."

Zunächst einmal der schwarze Band.
Rot das Papier, und dann
darunter gülden, imposant...:
„Sieh dir die Kiste an!"

„Na, Donnerwetter," ruf ich laut,
und innerlich erregt,
die haben sich mal was getraut
und sich ins Zeug gelegt."

☞

„Na los“, sagt Hanna, „Ausgepackt!“
Wir wühlen uns hinein.
Hanna, schon vor Erregung nackt:
„Da, da, da muss was sein.“

Der Anblick Hannas ist dann ja
das Beste, angesichts
der vielen Wunderdinge da:
Ein Schreiben und sonst nichts.

„Verehrte Mieter. Leider steht
die Konjunktur im Soll.
Der Mietzins wird ab Mai erhöht.
Blabla Hochachtungsvoll.“

Unter ständiger Kontrolle

Seitdem ich mir per Internet
preiswert ein neues Daunenbett
bestellt hab, plus zwei Daunenkissen,
da lassen sie's mich täglich wissen

in E-Mails: die diversen Damen
mit wilden Körpern, sanften Namen,
dass sie in meinen Daunenrollen
preisgünstig mit mir kuscheln wollen.

Oder: ich hab für wenig Geld
vier Sommerreifen mir bestellt
bei Amazon. Seitdem erwarten
zu unbegrenzten Probefahrten

mich Autohändler, und zwar täglich.
Und seit ich kürzlich den unsäglich
preiswerten Wein im Netz geordert,
werd ich andauernd aufgefordert,

dass ich Regale, Sektverschlüsse
und edle Gläser kaufen müsse.
Auch Kopfschmerzmittel für die Dröhnung
und Wunderpillen zur Entwöhnung.

☞

Ich hatte meinen Nachbarn Pracht
vor kurzem unsanft angemacht.
Prompt stand auf meinen E-Mailseiten
ein Buch zu Nachbarstreitigkeiten.

Und als ich mich entschuldigt hab
und seiner Frau zwei Küsse gab,
ganz kleine, wird mir jetzt seit Tagen
preiswert Viagra angetragen.

Mit solch einem Gerät können Erlkönige nichts anfangen

Frauentaschen

Frauen, die in Taschen graben,
weil sie was zu suchen haben…
Frauen, die in Taschen wühlen,
die mit zarten Fingern fühlen,

was in dieser Schattenwelt
schlummernd sich verborgen hält:
Schlüsselbunde, Stücker drei,
Füller, Füßling, viererlei

Lippenstifte, Läppchen, Litzen,
Spangen, Spielgeld, Spachtel, Spritzen,
Blöcke, Blusen, Broschen, Brillen,
Knebel, Knöpfe, Kopfschmerzpillen,

Drogendöschen, Dübel, Drucker,
Zwickel, Zwiebel, Zimt und Zucker,
Bratwurst, Backobst, Blaubeerkuchen
Und wenn sie noch tiefer suchen:

Goethes Eckzahn, Gretchens Gift,
Urfassung der Heil‘gen Schrift,
Säulenreste (ionisch? dorisch?),
Grabbeigaben, prähistorisch.

Und ganz unten auf dem Grunde
mysteriöse Knochenfunde.
Doch auch wenn sie graben, wühlen
längst vergessne Schätze fühlen,

fiebrig. Wenn sie sich empören,
weil sie's angstvoll schreien hören
aus des Grabes tiefen Gründen,
ist ihr Handy nicht zu finden.

Im App-Stellraum

Die Wetter-App will heute klar
vom Winter Abschied nehmen.
Die Weight-App rät mir app-sehbar
den Appetit zu zähmen.

Hab die Rezept-Apps app-gefragt
und mich dann app-gefunden
mit Trennkost. Meine Fit-App sagt:
Nach ein paar App-Lauf-Runden

könnt doch mein App-Bild jeder App
zusätzlich App-Glanz geben
und brächte in den App-Gang Pepp
und App-Schwung in mein Leben.

Die Freundschafts-App sollt ab und zu
zur App-Sicht up ich daten.
Das hat app-bittend Marie-Lu
app-schließend sich erbeten.

Hab Apps fürs Tanken, fürs Rollo.
Die Back-App backt mir Kuchen.
Die Staubsaug-App, die App fürs Klo,
die App, um Apps zu suchen.

Mein App-Schluss lautet klipp und klar,
die App-Scheu aufzugeben.
App-Leben find ich wunderbar.
App-Ordnung ist mein Leben.

Total vernetzt

In meinem Haushalt bin ich jetzt
total verschaltet und vernetzt.
Mein Wecker sendet erst einmal
an meine Küche ein Signal.

Dort stellt der Kaffeeautomat
die Kaffeestärke akkurat
auf meine Wach-Schlaf-Phasen ein.
Und wenn ich dann mein rechtes Bein

vom Bett aus auf den Boden stell,
zeigt mir mein iPad aktuell,
was ich heut so an Kleidung trage,
termingemäß, nach Wetterlage.

Dann gibt der Spiegel mir im Bad
rasch als Radarbild und in Grad
meine Gemütsverfassung an
und wie sich die entwickeln kann.

Prompt reagiert die Mind-App, sucht
nach den Symptomen oder bucht
gleich passende Behandlungszeiten
bei einem Psychotherapeuten.

Dann registriert noch die Toilette
Darmstatus, Leberwerte, Fette
des Blutes und brieft simultan
den Kühlschrank, der den Speiseplan

mir täglich neu kommuniziert,
rasch Ungesundes aussortiert,
und über Internet das ordert,
was der Verfassungscheck so fordert.

Ja, diese XXL-Verschaltung
dient nicht nur meiner Zeitverwaltung.
Sie schafft mir durch Verlässlichkeit
ein Grundgefühl von Sicherheit.

Durch Blinksignal und Klingelton
weiß stets ich: alles in Funktion.
Blöd ist nur, dass sich nichts bewegt,
hab ich mein Schlüsselbund verlegt.

Zum Schluss spricht der Arzt

Die Handy-Seuche

Heute möchte ich Sie mit einer Krankheit bekannt machen, die inzwischen wie eine Epidemie unser Land überzieht, der Handy-Seuche *(lat. epidemia mobilis totalis)*.
Der Erreger ist das *virus telecomitis smartphonis.*
Der Volksmund spricht auch vom Zweithirn-Bazillus.

Die bekannteste Ausprägung der Handyseuche ist die *telefonitis radicalis.*
Sie äußert sich in schweren hyperphonischen Anfällen *(lat. epilepsia quatscheritis permanentum),*
der Mediziner spricht hier vom Flatrate-Syndrom.
Zunächst verspürt der Patient jäh, oft unvermittelt, einen starken akustischen Reiz, den sogenannten *Klingeltonus.*
Er zeigt sich oft excorporal, zum Beispiel in der tiefen Handtasche einer Patientin und ist dann nur schwer lokalisierbar. Die unmittelbare Folge: ein spastischer Suchreflex *(lat. spasmus nixfindus).*

Hyperphonische Anfälle gehen meist einher mit anhaltenden Geräuschen im Gehörgang *(lat. tinitus Tante Monica permanentum)*. Die unmittelbare Folge - gewissermaßen in Wechselwirkung - ist meist ein schwerer Sprechdurchfall *(lat. diarrhoea verbalis).* Bei stark erhöhtem Entleerungsdruck sprechen wir von verbaler Flatulenz.
Eine solche verbale Flatulenz kann schon mal den Großraumwagen eines ICEs zum Krankenzimmer umfunktionieren.

Inzwischen gibt es weitere gefährliche Ausprägungen der Handyseuche.
Da ist die SMS, die *senile multiple scriptose.*
Da ist die äußerst ansteckende *twitteritis.*
Und da ist vor allem die lästige Wats-*Appsilepsie.*

Das sind alles schwere Nervenleiden. Sie äußern sich in einem hilflosen Zucken beider Daumen, dem sogenannten Tastentremolo. Dieser Tremor geht einher mit einer Ganzsatz-Verweigerung *(lat. aphasie syntactica),* verbunden mit einer *hyperfunktionalen Smilitis.*

Diese taktilen Ausprägungen der Handyseuche breiten sich geradezu epidemisch aus. In zunehmendem Maße sitzen sich Paare in einem Café stumm gegenüber, ihre Augen niedergezwungen von einem unwiderstehlichen Mundstarrkrampf *(lat. glocceritis displayus).*
Offenbar können sie sich nur durch leidenschaftliches Tastendrücken ihre Liebe gestehen.

Und wir sehen täglich eine neue Ausprägung der Seuche. Spaziergänger laufen in Wäldern und Parks in ohrenverstöpselter vereinsamter Versunkenheit.
Viele führen dabei rätselhafte Selbstgespräche.
Der Mediziner spricht hier auch von einer *autistischen Samsungulose.* Die auch schon mal dazu führt, dass ein Patient, eine Patientin in eine Hecke oder einen offenen Gully stürzt.

Gefährdet sind vor allem Kinder. Ihr Immunsystem hat dem *virus telecomitis* oft nichts entgegenzusetzen. Es kommt sehr schnell zu einer sogenannten Knöpfchen-Infektion. Einige Kollegen sprechen schon von einer neuen Kinder-Krankheit, dem *O-two-Verödem*

☞

Wir alle sind dieser verheerenden Krankheit schutzlos ausgeliefert.
Eine Therapie ist kaum möglich, zumal das Virus in erschreckender Weise täglich neue Mutationen ausbildet. Die verheerenden Folgen für die Menschheit sind für das menschliche Gehirn kaum vorstellbar. Wenn es das menschliche Gehirn, wie wir es kennen, demnächst noch gibt, da beim augenblicklichen Stand der med. Forschung zu erwarten ist, dass die *epidemia mobilis totalis* demnächst alle selbstbestimmenden Hirnfunktionen auslöscht, der Mensch also dahinvegetiert, als *homo funcus mobilicus* in autistischer tastendrückender Zurückgezogenheit.

Selbst vor dem Sterbebett macht die Krankheit nicht mehr halt. Verblichene können oft nur ohrenverstöpselt beerdigt werden. Der Mediziner spricht hier vom Man-kann-ja-nie-wissen-Syndrom *(lat. telekommunicatio postmortem).* Allerdings kann bei diesem Verlauf der Krankheit in jedem Fall ein finales Funkloch erwartet werden.